2022 年度山西省高等学校人文社会科学重点研究基地项目

"国家治理现代化进程中的人民主体思想研究"（2022J001）的阶段性成果

薛稷　陈治国　编著

《反杜林论》导读

江苏人民出版社

图书在版编目（CIP）数据

《反杜林论》导读 / 薛稷, 陈治国编著. —— 南京：
江苏人民出版社, 2023.12

（马克思主义经典著作导读系列）

ISBN 978-7-214-28735-9

Ⅰ. ①反… Ⅱ. ①薛… ②陈… Ⅲ. ①《反杜林论》
－恩格斯著作研究 Ⅳ. ①A811.24

中国国家版本馆CIP数据核字(2023)第217708号

书　　名	《反杜林论》导读	
编 著 者	薛　稷　陈治国	
责任编辑	黄　山	
特约编辑	贺银垠	
装帧设计	刘葶葶	
责任监制	王　娟	
出版发行	江苏人民出版社	
地　　址	南京市湖南路1号A楼，邮编：210009	
照　　排	江苏凤凰制版有限公司	
印　　刷	江苏凤凰通达印刷有限公司	
开　　本	890毫米×1240毫米　1/32	
印　　张	6.625	
字　　数	135千字	
版　　次	2023年12月第1版	
印　　次	2023年12月第1次印刷	
标准书号	ISBN 978-7-214-28735-9	
定　　价	38.00元	

（江苏人民出版社图书凡印装错误可向承印厂调换）

总　序

　　习近平总书记指出："战略问题是一个政党、一个国家的根本性问题。战略上判断得准确，战略上谋划得科学，战略上赢得主动，党和人民事业就大有希望。……战略是从全局、长远、大势上作出判断和决策。我们是一个大党，领导的是一个大国，进行的是伟大的事业，要善于进行战略思维，善于从战略上看问题、想问题。"[1] 要做好战略布局，首先必须解决"知"的问题。只有更好地"知"规律、"知"大局、"知"大势、"知"长远，才能更精准地把握人类发展大趋势、世界演变大格局、中国发展大方位，才能从全局、长远、大势上作出科学的战略谋划；反之，如果在理论思维和战略上判断失误了，那付出的代价将是不可估量的。毛泽东曾形象地阐述过这个问题："坐在指挥台上，如果什么也看不见，就不能叫领导。坐在指挥台上，只看见地平线上已经出现的大量的普遍的东西，那是平平常常的，也不能算领导。只有

1　《习近平谈治国理政》第四卷，外文出版社 2022 年版，第 31 页。

当着还没有出现大量的明显的东西的时候，当桅杆顶刚刚露出的时候，就能看出这是要发展为大量的普遍的东西，并能掌握住它，这才叫领导。"[1]

那么，如何才能更好地"知"规律、"知"大局、"知"大势、"知"长远呢？从哲学的角度看，现实是本质与现象的融合。要想透过现象把握本质，掌握历史规律，谈何容易！马克思指出："如果事物的表现形式和事物的本质会直接合而为一，一切科学就都成为多余的了。"[2]因此，现实绝不是直接可见的，同样，历史规律也绝不是仅仅依靠"眼睛"的直观就能看透的。望远镜可以穿越自然时空，看到浩瀚宇宙，然而射程再远的望远镜也望不穿历史时空，透视历史发展的规律；放大镜可以放大微小的物什，但倍数再大的放大镜也放不出时代发展大势；显微镜可以看透微尘粒子，但再精确的显微镜也看不透世界发展潮流。要把握历史规律，看透时代大势，认清世界潮流，就必须借助理论思维的慧眼。"一个民族要想站在科学的最高峰，就一刻也不能没有理论思维。"[3]中华民族要实现伟大复兴，也同样一刻不能没有理论思维。而要"形成和提升这方面的能力，就要全面掌握辩证唯物主义和历史唯物主义的世界观和方法论。这是领导干部练就过

1 《毛泽东文集》第3卷，人民出版社1996年版，第394—395页。
2 马克思：《资本论》第3卷，人民出版社2004年版，第925页。
3 《马克思恩格斯选集》第3卷，人民出版社2012年版，第875页。

硬本领的法宝，每个领导干部都要好好学习，全面掌握，提升能力"[1]。这也是我们党反复强调学哲学、用哲学尤其是马克思主义哲学的重要原因。

"学习理论最有效的办法是读原著、学原文、悟原理，强读强记，常学常新，往深里走、往实里走、往心里走，把自己摆进去、把职责摆进去、把工作摆进去，做到学、思、用贯通，知、信、行统一。"[2]作为科学的世界观和方法论，马克思主义哲学是我们认识世界、把握规律、追求真理、改造世界的强大思想武器，是中国共产党人的"真经"，只有念好"真经"，把握贯穿其中的立场、观点、方法，并用其观察时代、把握时代、引领时代，才能更好地"知"规律、"知"大局、"知"大势、"知"长远，才能全面深化从理论思维向战略谋划再向实践方略的正确转化，增强未来工作的系统性、预见性、创造性，才能更好地解决中国问题，掌握未来发展的主动权。"实践告诉我们，中国共产党为什么能，中国特色社会主义为什么好，归根到底是马克思主义行，是中国化时代化的马克思主义行。"[3]

为贯彻落实习近平总书记"原原本本学习和研读经典著作，

1　习近平：《推进党的建设新的伟大工程要一以贯之》，载《求是》2019年第 19 期。

2　习近平：《坚持用马克思主义及其中国化创新理论武装全党》，载《求是》2021 年第 22 期。

3　习近平：《高举中国特色社会主义伟大旗帜　为全面建设社会主义现代化国家而团结奋斗——在中国共产党第二十次全国代表大会上的报告》，人民出版社 2022 年版，第 16 页。

努力把马克思主义哲学作为自己的看家本领"和"读原著、学原文、悟原理"的重要指示精神，我们以习近平总书记在重要讲话和报告中提到或引用的马克思恩格斯经典著作为蓝本，精心策划编辑了这套高质量、普及化的插图版辅导读本，以期为党员干部和高校师生学习经典、研读经典提供读本支撑。

目录

一、恩格斯与《反杜林论》

1. 弗里德里希·恩格斯：作为马克思主义创始人的一生

1820 年 11 月 28 日，弗里德里希·恩格斯诞生于德意志莱茵省巴门市（今伍珀塔尔市）的一个繁荣的商业家族，他的曾祖父在巴门创建了一

恩格斯的故乡——巴门

家漂白和纺纱厂，他的父亲与欧门兄弟合股，创办了家族公司"欧门－恩格斯公司"。恩格斯的父亲不仅是一名工厂主，还是一名带有普鲁士贵族血统且虔诚的基督徒。母亲则是一名善良幽默、教养良好的教师之女。受母亲影响，青年时期的恩格斯爱好文学和历史，但父亲坚持要求他进入巴门的家族企业，因此，恩格斯 16 岁时就被迫辍学经商，18 岁时进入不莱梅

青年恩格斯

的一家商行当商业学徒。

在这个国际化的大都市里，恩格斯感到精神上获得前所未有的自由，开始如饥似渴地阅读。受到普鲁士民主革命的影响，恩格斯逐渐被民主主义的政治思想吸引，成为青年德意志运动的追随者。1839 年春，恩格斯在《德意志电讯》上发表《伍珀河谷来信》一文，揭露封建专制制度和宗教虔诚主义的黑暗，同时也倾注了对劳动人民的同情与关心。

1841 年 9 月至 1842 年 10 月，恩格斯在柏林炮兵部队服兵役，旁听柏林大学的哲学讲座，开始参加青年黑格尔派的活动。在此期间，他先后发表了《谢林论黑格尔》《谢林和启示》《谢林——基督哲学家，或世俗智慧变为上帝智慧》等相对不成熟的小册子，

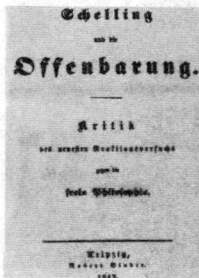

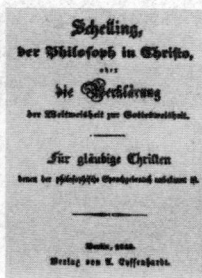

恩格斯写的小册子《谢林和启示》和《谢林——基督哲学家，或世俗智慧变为上帝智慧》扉页

尖锐批判了宣扬"天启哲学"的唯心主义哲学家谢林，他还著文揭露以德皇威廉四世为代表的德国封建专制制度的黑暗与腐朽，慢慢开始转变为一个坚定的革命民主主义者。1841年费尔巴哈的《基督教的本质》一书发表后，恩格斯已经开始接受费尔巴哈的唯物主义思想。

1842 年 10 月，恩格斯服兵役结束，在回家途中

途经科隆，与《莱茵报》的发起人、"共产主义的拉比"——莫泽斯·赫斯展开会面，这次相遇给彼此都留下了深刻的印象。在从巴门前往曼彻斯特的路

恩格斯 1842 年所画的漫画：卢格在柏林"自由人"中间

上，恩格斯绕道拜访了当时《莱茵报》的年轻主编——卡尔·马克思，但有趣的是，恩格斯的初次到访并没有给马克思留下太好的印象。恩格斯将马克思视为柏林青年黑格尔派的代表人物，但马克思此时实际上已经与青年黑格尔派决裂了。到英国之后的一段时间里，恩格斯还是不断以马克思所希望的方式继续为《莱茵报》撰稿。

1842 年到 1844 年在曼彻斯特的这段经历对恩格斯学术思想的发展起到了决定性的作用。他后来写道："我在曼彻斯特时异常清晰地观察到，迄今为止在历史著作中根本不起作用或者只起极小作用的经济事实，至

巴黎雷让斯咖啡馆，1844 年 8 月 28 日马克思和恩格斯在这里会面

少在现代世界中是一个决定性的历史力量；这些经济事实形成了现代阶级对立所由产生的基础；这些阶级对立，在它们因大工业而得到充分发展的国家里，因而特别是在英国，又是政党形成的基础，党派斗争的基础，因而也是全部政治历史的基础。"[1]

1844 年 2 月，恩格斯在马克思主编的《德法年鉴》上发表了《政治经济学批判大纲》(也称《国民经济学批判大纲》)、《英国状况——评托马斯·卡莱尔的〈过去和现在〉》，初步揭示了资本主义私有制绝对不可调和的内在矛盾，宣告了工人阶级的贫困和随之而来的革命不可避免。这些经典论著的出版充分表明，恩格斯已经完成了从唯心主义向唯物主义，从革命民主主义向共产主义的转变。这些论著也直接引起了马克思对政治经济学问题的关注。8 月底，恩格斯在返回巴门的途中绕道巴黎，再次会见了马克思，这次会面与两年前不同，变得热烈而默契，"在一切领域中都显出意见完全一致"，他们开始了长达四十多年的伟大友谊与亲密合作。

回到巴门后，恩格斯利用在曼彻斯特收集的资料，写作了《英国工人阶级状况》，描述了无产阶级的悲惨处境和历史使命，批判了英国早期资本主义的局限

《国民经济学批判大纲》(中文版，1951 年)

1　《马克思恩格斯文集》第 4 卷，人民出版社 2009 年版，第 247 页。

和弊端，这部著作标志着恩格斯"从另一条道路得出了"与马克思在《政治经济学批判》中得出的一样的唯物史观思想。在此期间，恩格斯还帮助赫斯组织在爱北斐特的共产主义公众集会，扩大共产主义的宣传。这些工作开始引发了恩格斯与身为工厂主和基督教信徒的父亲之间不可调和的矛盾与冲突。

1845年3月，为了摆脱沉闷的家庭氛围和精神上的禁锢，更由于受到当时普鲁士政府的压迫，恩格斯决定前往布鲁塞尔与马克思会合，全身心地投入这段时间的政治活动之中，由此也开始了二人最亲密的合著时期。1844年，恩格斯与马克思合写《神圣家族》并于次年2月出版。1845年秋至次年5月，二人又合著了唯物史观第一次完整出现的经典著作——《德意志意识形态》。1846年春，恩格斯和马克思在布鲁塞尔共同创建共产主义通讯委员会。同年秋天，他们一起前往巴黎开展活动，争取和教育正义者同盟成员，使之摆脱所谓"真正的社会主义"的影响。1847年1月，恩格斯和马克思一起加入正义者同盟。6月，恩格斯出席在伦敦举行的共产主义者同盟第一次代表大会，以科学社会主义为指导创立了第一个无产阶级革命政党。10月，恩格斯被选入同盟巴黎区部委员会，并受委托起草同盟的纲领草案(即《共产主义原理》)，用问答的形式初步阐明了科学共产主义的基本原理。11月，他与马克思一起出席同盟第二次代表大会，

《共产主义原理》
手稿

并任大会秘书。大会接受了马克思和恩格斯的主张，制订了符合民主制原则的章程，并委托他们起草同盟的纲领。

1848年2月中旬，在《共产主义原理》基础上，马克思和恩格斯共同起草的《共产党宣言》在伦敦出版。2—3月间，欧洲资产阶级革命相继在巴黎、柏林、维也纳等城市爆发。3月，恩格斯当选为共产主义者同盟中央委员会委员，在巴黎与马克思共同拟订了《共产党在德国的要求》。4月，他们到达德国科隆，筹备德国和欧洲无产阶级革命民主派的机关报——《新莱茵报》。6月，《新莱茵报》创刊，恩格斯任编辑，协助主编马克思主持该报编辑部工作，两人为报纸写了400多篇文章，近80万字。后由于普鲁士政府的疯狂封禁，该报于1849年5月19日被迫停刊，恩格斯为了躲避官方的追捕，先后流亡于比利时和瑞士。1849年5月，恩格斯在爱北斐特参加武装起义，亲临前线参加战斗，起义失败后流亡到瑞士，在瑞士协助组织工人协会。11月，恩格斯到达伦敦，当选为同盟中央委员会委员，负责改组同盟工作。1850年3月和6月，恩格斯先后两次与马克思合作起草《中央委员会告共产主义者同盟书》。

1850年11月，在欧洲大陆爆发新兴革命的希望幻灭后，迫于资金的压力，也为了更好地支持马克思的创作，恩格斯无奈接受父亲的建议，回到曼彻斯特，加入家族企业欧门－恩格斯公司，开始他的经商生涯。此后 20 年，恩格斯一直居住在曼彻斯特，过着经商与发展共产主义的双面生活。一方面，他参加了许多曼彻斯特的资产阶级喜爱的社交活动，形成了一个很大的社交圈子，促进了共产主义事业。另一方面，作为革命作家，恩格斯以马克思的名义为《纽约每日论坛报》撰写了许多关于欧洲政治、革命和军事行动的文章。

1857 年到 1859 年，恩格斯为《美国新百科全书》撰写了许多军事条目。1861 年到 1865 年，恩格斯撰写了许多关于美国内战的文章。1864 年，第一国际成立后，恩格斯同马克思一起参加了第一国际的领导工作，跟蒲鲁东派、巴枯宁派、工联派、拉萨尔派等进行了路线上毫不妥协的斗争，为马克思主义在国际工人运动中的领导地位奠定了基础。1867 年《资本论》第一卷出版后，恩格斯为工人报刊和资产阶级报刊撰写了许多篇战争评论，准确地分析和预见了战争的进程与结果。此外，他还对细胞学说和力学等自然科学进行了大量研究。

1869 年，恩格斯通过一场有关家族企业未来的谈判，争取到在 50 岁时退休。1870 年 9 月，恩格斯终于结束了 20 年"埃及幽囚式"的经商生活，全身心地投入他所热爱的社会主义事业中。10 月，恩格斯迁居伦敦，定居在瑞琴特公园路 122 号，从这里步行去马克思家大约只需 15 分钟。

退休后，恩格斯的工作主要包括三个方面：一是研究与写作。19 世纪 70 年代，恩格斯大部分时间花在自然科学和数学研究上，撰写了《自然辩证法》的研究手稿（在他逝世后才出版）。1876 年到 1878 年，恩格斯承担起了反击社会主义知识分子欧根·杜林的重任，陆续在《前进报》上发表了三组论战性质的文章，并在 1878 年 7 月以《欧根·杜林先生在科学中实行的变革。哲学·政治经济学·社会主义》为题结集出版。1884 年，恩格斯在整理马克思关于摩尔根《古代社会》的读书笔记的基础上，结合自己的人类学研究成果，于 3 月至 5 月写作了《家庭、私有制和国家的起源》，并于同年 10 月在苏黎世出版单行本。1888 年，恩格斯完成了《路德维希·费尔巴哈和德国古典哲学的终结》，揭示了马克思主义同黑格尔和费尔巴哈哲学的关系，再一次完整阐释了辩证唯物主义和历史唯物主义的基本原理。1894 年，针对德国社会民主党和法国工人党在农民问题上的立场，恩格斯写出了《法德农民问题》，批评他们迁就农民小私有倾向的路线。

二是整理编辑马克思的遗稿。在马克思逝世后，作为唯一能够辨认马克思笔迹的人，恩格斯成为马克

《家庭、私有制和国家的起源》德文第一版封面

思遗稿的继承人之一。尽管恩格斯的视力问题越来越严重，但他还是将主要精力放在整理编辑《资本论》手稿上，通过向秘书口授的方式完成了《资本论》第二卷的编辑工作，并在 1885 年将其出版。此后，恩格斯更是用了 10 年时间，编辑整理了更为零散的第三卷草稿，最终在临终前将其付梓。1894 年 12 月，《资本论》第三卷终于出版。此外，恩格斯还将破译马克思笔迹的方法传授给卡尔·考茨基和爱德华·伯恩施坦，使得被称为《资本论》第四卷的《剩余价值理论》出版成为可能。

恩格斯晚年照片

三是密切关注社会主义运动。退休后，恩格斯密切关注国际共产主义工人运动，担任社会主义政党——德国社会民主党的政治顾问，深刻影响了新一代的社会主义活动家和理论家及马克思主义阵营的领导人，如威廉·李卜克内西、奥古斯特·倍倍尔、爱德华·伯恩施坦、卡尔·考茨基等。此外，恩格斯在瑞琴特公园路 122 号的住所也成为各国革命者和社会主义者的圣地，成为英国工人运动领导人、爱尔兰贫困工人、法国逃荒农民以及流亡大学生的"避难所"。

1895 年的夏天，恩格斯被查出罹患喉癌。8 月 5 日，这位马克思主义的伟大创始人、国际共产主义运动的革命导师，病逝于泰晤士河边的寓所内，享年 75 岁。

图为德国社会民主党党旗。1863 年 5 月 23 日，德国 11 个城市的工人阶级代表在莱比锡筹建了全德工人联合会（ADAV），拉萨尔直接参加了筹建工作并当选为第一任主席。这一工人组织也被称为"拉萨尔派"。1869 年 8 月 7 日至 9 日，威廉·李卜克内西和奥古斯特·倍倍尔在爱森纳赫召集全德社会民主党工人代表大会，并宣布成立德国社会民主党（SDAP）。这是德国第一个工人阶级政党，也被称为"爱森纳赫派"。1875 年 5 月，在哥达召开的代表大会上，全德工人联合会与德国社会民主工党合并为德国社会主义工人党（SAP）。1890 年更名为德国社会民主党（SPD）

遵照恩格斯的遗愿，他的骨灰被撒在伊斯勃恩海湾的大海中，随着海浪弥散于全世界。

中国纪念邮票《恩格斯诞辰 200 周年》

恩格斯曾经说自己是天才的马克思的"第二小提琴手"，英国马克思主义学者麦克莱伦中肯地评价道："这是恩格斯对自己谦虚的低估。"恩格斯的精神内涵非常丰富，表现在：为劳苦大众解放而奋斗终身的信念，为高扬真理旗帜而坚守阵地的恒心，为革命事业大局而勇于牺牲的气概，为实现崇高理想而鞠躬尽瘁的品格。即使在今天，我们也能从恩格斯的精神风范中获取力量。

2.《反杜林论》的形成与传播

19 世纪 70 年代，杜林体系在德国社会民主党人中间的消极影响不断扩大，特别是杜林的著作《国民经济学及社会主义批判史》《国民经济学及社会经济学教程，兼论财政政策的基本问题》《哲学教程——严格科学的世界观和生命形成》连续出版后，其错误言论的宣扬更使杜林分子变得越发活泛起来。

1876 年，杜林的著作引起了马克思和恩格斯的关注。当时，《资本论》第一卷出版后，杜林随即在《现代知识补充材料》杂志第 3 卷第 3 期上发表了一篇题为《马克思的〈资本论·政治经济学批判〉》的评论文章，对马克思主义进行肆意歪曲、诋毁和攻讦。鉴于杜林对德国社会民主党和工人运动产生了极为严重的危害，在党的领导人威廉·李卜克内西的强烈建议下，恩格斯于 1876 年在《人民国家报》上发表了《德意志帝国国会中的普鲁士烧酒》一文，公开批判杜林的言论。同年 5 月底，恩格斯决定中断《自然辩证法》的写作并着手全面反击杜林的恶意中伤。在接下来两年多的时间里，即从 1876 年 5 月底到 1878 年 7 月初，恩格斯以连载论文的形式陆续在德国社会主义工人党机关报《前进报》上发表批判杜林的文章。这些文章后来合在一起，就成了那本世人皆知的著作《欧根·杜林先生在科学中实行的变革。哲学·政治经济学·社会主义》，简称《反杜林论》。

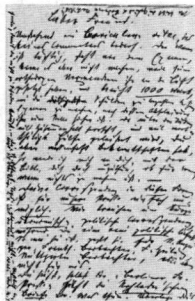

李卜克内西有关《前进报》的亲笔信

1876 年 9 月至 1877 年 1 月，恩格斯以《欧根·杜林先生在哲学中实行的变革》为题写了一组论文，并陆续发表在了 1877 年 1 月至 5 月的《前进报》上，全面地介绍了马克思主义哲学的主要组成部分即辩证唯物主义和历史唯物主义的来由、发展状况及其内容，

1877 年 1 月 3 日恩格斯在《前进报》上发表的《欧根·杜林先生在哲学中实行的变革》

也阐释了关于自然哲学的内容。发表这组论文时，恩格斯还加上了概论和《杜林先生许下了什么诺言》这两篇文章，概论主要是从正面论述了社会主义由空想变为科学的过程，《杜林先生许下了什么诺言》则重在从反面揭露杜林的狂妄自大和浅薄无知，揭示了杜林体系的错误本质。这两篇文章在 1878 年首次出版《反杜林论》单行本时被单独抽出作为引论的第一、二章。这组题为《欧根·杜林先生在哲学中实行的变革》的论文加上概论和《杜林先生许下了什么诺言》，在之后构成了《反杜林论》的第一编，它以《欧根·杜林先生在科学中实行的变革。一、哲学》为题在 1877 年 7 月于德国东部城市莱比锡出版了单行本。

1877 年 6 月至 8 月，恩格斯以《欧根·杜林先生在政治经济学中实行的变革》为题，将论文发表在了 1877 年 7 月至 12 月的《前进报》学术附刊和附刊上，主要介绍了马克思在《资本论》中论述的主要观点。值得一提的是，其中第十章"《批判史》论述"由马克思亲自撰写，由恩格斯进行了一定的压缩，该章第一部分写于 1877 年 3 月初之前，第二部分写于 8 月

初之前。这组文章后来成为《反杜林论》的第二编。

1877 年 8 月至 1878 年 4 月，恩格斯又以《欧根·杜林先生在社会主义中实行的变革》为题，将论文发表在了 1878 年 5 月至 7 月的《前进报》附刊上，主要介绍了社会主义理论是怎样由空想过渡到科学的，并阐述了社会主义在生产、分配、国家、家庭和教育等方面的主要理论。这是《反杜林论》的第三编。1878年 7 月，第二编和第三编以《欧根·杜林先生在科学中实行的变革。二、政治经济学·社会主义》为题在莱比锡出版了单行本。

1878 年 7 月初，三编汇合起来，出版了《反杜林论》单行本的第一版。恩格斯为之写了序言，主要说明了该书是为了揭露杜林派的恶劣行径、解救受到蒙蔽的同志以及维护党在马克思主义基础上的团结统一，因此采取论战的形式进行写作，这体现出恩格斯严谨的科学态度和对杜林的蔑视。当时，这本书的标题还不是"反杜林论"，而是《欧根·杜林先生在科学中实行的变革。哲学·政治经济学·社会主义》（*Herrn Eugen Dühring's Umwälzung der Wissenschaft. Philosophie. Politische Oekono-mie. Sozialismus*）。这一标题实际上是恩格斯讽刺性地套用了杜林的《凯里在国民经济学和社会科学中实行的

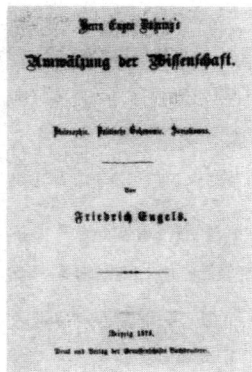

《反杜林论》第一版扉页

变革》（*Carey's Umwälzung der Volkswirthschaftslehre und Socialwissen-schaft*）一书的书名。该书在后来的德文各版中都是以"欧根·杜林先生在科学中实行的变革"为标题，而未加副标题"哲学·政治经济学·社会主义"。

　　该书的第二版于1886年在如今号称"瑞士第一大城市"的苏黎世出版。当时恩格斯正忙于《资本论》第二、三卷的整理出版工作，因此相较于该书的第一版并没有作出较大改动，而只是对第三编的第二章即"理论"做了些许修改。恩格斯还专门为第二版重新写了序言，其内容主要是说明该书出版后的传播情况、再版原因以及修订和增补情况，并且根据《自然辩证法》的准备材料对第一版中关于自然科学的理论进行了审视。值得关注的一点是，那时的杜林及其著作几乎已经没有任何影响，该书却十分畅销，逐渐成了一本马克思主义的百科全书，受到工人们的极大欢迎，十分有利于马克思主义的传播。

　　该书的第三版是恩格斯生前出版的最后一版，经修订之后于1894年由位于斯图加特的狄茨出版社出版。恩格斯在这一版的序言中说明了内容修改和增补的情况与理由。在第二版的基础上，这一版对第二编第十章马克思所写的关于政治经济学史的部分即"《批判史》

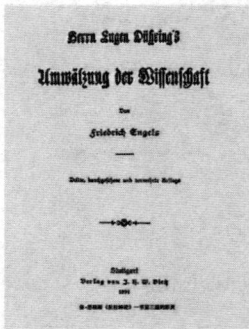

《反杜林论》第三
版扉页

论述"作了一些修改，对与杜林相关的部分进行了一定的删减，并且更加翔实地突出了正面阐述马克思主义的部分。

至于当时这本叫作《欧根·杜林先生在科学中实行的变革》的书后来为什么被称作《反杜林论》，历史中也有记载。为了加强宣传力度，便于工人阶级理解和接受，伯恩施坦向恩格斯提出了将书名改成《反杜林论》的建议。恩格斯在 1879 年 11 月 4 日给奥古斯特·倍倍尔的信中，首次将这本书称为《反杜林论》。1895 年恩格斯逝世后，列宁为了悼念恩格斯，发表了《弗里德里希·恩格斯》一文来概述恩格斯光辉的一生和卓越的功绩，其中沿用了《反杜林论》这一书名。此后，这本书的俄文版和英文版就通常以《反杜林论》作为其正标题，而"欧根·杜林先生在科学中实行的变革"则作为其副标题。我国第一个《反杜林论》全译本译者吴亮平对书名问题也作出过解释，即正是由于列宁著作的引文中通常使用《反杜林论》这一书名，所以我国还是按照俄文版和英文版的标题形式来命名这本书。

《反杜林论》的全书出版之后连续再版，并被翻译成了多种语言，其号召力在世界范围内不断增强，书中鲜明的主张和思想在世界范围内得到了广泛传播并深入人心，对世界社会主义运动产生了重大影响，作为马克思主义的"百科全书"进一步推动了马克思主义的传播与普及。

　　除此之外，《反杜林论》还孕育了众所周知的《社会主义从空想到科学的发展》这一著作。《反杜林论》第一版出版不到三个月，德意志帝国的俾斯麦政府就颁布了《反社会党人非常法》，使马克思恩格斯的著作以及宣传社会主义的书籍报刊纷纷遭到查禁，其中也包括《反杜林论》。然而，无能的帝国政府未能阻止马克思主义的传播，为了使普通人民大众更易于理解与接受马克思主义和社会主义思想，恩格斯在法国著名工人运动活动家、马克思的女婿保尔·拉法格的请求下，把《反杜林论》中引论的第一章以及第三编的第一、二章单独改写合并成了一部题为《空想社会主义和科学社会主义》的小册子，并于1880年在法国社会主义杂志《社会主义评论》上发表，同年5月首次以单行本的形式在巴黎出版了法文版。它与《反杜林论》中的相关章节有所区别，并作了一些解释性的补充和改动，主要阐释了马克思主义的社会主义与其他政党和学派的社会主义之间的区别。这部小册子通俗易懂，被马克思称为"科学社会主义的入门"[1]，出版后很快就被翻译成了多种语言，其译本数量当时远远超过了其他社会主义著作，受到欧洲工人阶级的广泛欢迎。继意大利文版和波兰文版出版之后，这本

1　《马克思恩格斯文集》第3卷，人民出版社2009年版，第493页。

小册子于1883年在苏黎世出版了德文版，此时书名被改为《社会主义从空想到科学的发展》，同年在该地还出版了德文第二版和第三版。1885年，丹麦文版在哥本哈根出版。1891年，小册子的第四版在柏林出版，这也是恩格斯生前出的最后一个德文版版本。

众所周知，《反杜林论》这一马克思主义经典著作是恩格斯中断了正在进行的《自然辩证法》的写作而完成的，那么这两本著作之间有什么联系呢？1873年，恩格斯开启了《自然辩证法》的写作工作，正式对自然科学的辩证法进行研究。1876年，为了阻止杜林的错误思想在德国社会民主党内的严重影响继续扩大，恩格斯不得不放下《自然辩证法》的写作工作，全力展开对杜林的批判，这一过程持续了两年之久，但在此期间恩格斯并没有放弃《自然辩证法》的写作计划。1878年，恩格斯在完成了批判杜林的任务后继续投身于关于《自然辩证法》的研究和写作，但在写作快要收尾之际，恩格斯忙于马克思遗稿的整理和出版工作，因此不得不于1882年放弃了《自然辩证法》的研究和写作，从而导致这一写作计划未能完成。

通过对比这两本著作，我们能够看到二者之间千丝万缕的交织关系。首先，二者具有共同的理论出发点。《自然辩证法》分析了自然界的现象和规律，在马克思主义发展史上首次论述了自然界的辩证法，《反

杜林论》则是第一部全面阐述马克思主义理论的"百
科全书",可以说二者都创造性地将黑格尔的辩证法
从唯心主义中拯救出来并将其转化为唯物主义的自然
观与历史观,用辩证法尝试对自然界和自然科学进行
分析,它们共同标志着自然辩证法的创立。[1] 其次,
二者相互补充与渗透。一方面,由于《自然辩证法》
的写作工作在前面做了铺垫,致使《反杜林论》中总
是渗透和反映着《自然辩证法》中的思想;另一方面,
恩格斯在完成《反杜林论》后继续开展《自然辩证法》
的写作工作,写作《反杜林论》时搜集的大量自然科
学材料为《自然辩证法》提供了借鉴,甚至成为《自
然辩证法》的组成部分。[2]

3.《反杜林论》在中国的翻译与传播

　　《反杜林论》是马克思、恩格斯众多经典著作中
较为重要的一本,甚至可以说其重要性仅次于《共产
党宣言》。《反杜林论》一经出版便在欧洲工人中间
流行开来,对欧洲社会主义运动产生了重要的影响。
但是对于遥远的东方社会,这种影响来得要迟得多,

1　参见李建芹《试论〈自然辩证法〉和〈反杜林论〉的关联》,
　　载《科学技术与辩证法》1991 年第 5 期。
2　参见赵玉兰《MEGA1 视域下〈自然辩证法〉文本的确立》,
　　载《国外理论动态》2022 年第 3 期。

在《反杜林论》发表四十余年之后，这部巨著才得以与中国读者见面。《反杜林论》在中国的翻译和传播是一个从零星分散到有组织、系统化的过程，这一过程也是马克思主义在中国传播流行史的一个缩影。

从 1899 年英国传教士李提摩太第一次将"马克思"这个名字带入中国，到李大钊、陈独秀等人自觉向马克思主义靠拢，宣传马克思主义理论，再到 1921 年中国共产党成立，马克思主义以其独特的魅力吸引着广大进步青年。但是马克思主义实践性、批判性的品格和德国哲学与生俱来的深奥晦涩的基调，导致马克思主义在初到中国时呈现了碎片化和学理化的特点，许多工人无法完全领会其深刻内涵。虽然马克思、恩格斯在写作过程中已经极力避免，但是中国读者在理解马克思主义理论上难免有些欠缺。《反杜林论》"分析了哲学、自然科学和社会科学中最重大的问题"[1]，是恩格斯对马克思主义系统化、理论化的成果，《反杜林论》的翻译和引入向中国马克思主义者展示了完整的马克思主义理论，解决了中国马克思主义者将马克思主义思想理解不全面的问题，为马克思主义在中国的传播和发展引来了源头活水，推动了马克思主义在中国的传播与发展。

五四运动后，中国各地的共产党早期组织纷纷成

1　《列宁全集》第 2 卷，人民出版社 1984 年版，第 9 页。

《新青年》，原名《青年杂志》，陈独秀主编，1915年9月15日创刊，1926年7月停刊，共出9卷54号

《国民》，"五四"前夕进步学生团体学生救国会的自办刊物，1919年1月1日正式出版，邓中夏、高君宇、黄日葵、许德珩、张国焘、段锡朋、孟寿椿、易克嶷等人担任编辑

立，国内的进步刊物《新青年》《国民》《建设》等纷纷刊载关于马克思主义的文章，马克思、恩格斯的著作被翻译介绍进中国。1920年12月，国民党人徐苏中（1886—?）翻译的《科学的社会主义与唯物史观》刊登在国民党刊物《建设》上，这是《反杜林论》在中国首次翻译出版。该文章转译自日本马克思主义经济学家河上肇于1920年6月出版的日文版《反杜林论》节选本《科学的社会主义与唯物史观》，是河上肇根据《反杜林论》第三编"社会主义"的第二章"理论"和《社会主义从空想到科学的发展》的第三章翻译而来，所参考版本为1886年出版的《反杜林论》第二版德文原版。

从徐苏中1920年翻译发表《科学的社会主义与唯物史观》到新中国成立的20多年间，社会主义在中国进一步传播，陆续有先进知识分子对《反杜林论》进行翻译与介绍。如瞿秋白1924年1月以《反杜林论》第一编"哲学"与第二编"政治经济学"为底本所作的《社会哲学概论》；叶作舟在1930年6月出版的《马克思学体系》中以《达尔文学说之基础的要素》为题摘译了《反杜林论》第一编"哲学"第七节"自然哲学。有机界"中的"达尔文学说部分"；吴亮平翻译的《反杜林论》全本于1930年11月由上海江南书店

《反杜林论》最早的中文译本，1930 年
由上海江南书店出版发行

出版，署名吴黎平；钱铁如于 1930 年 12 月以《反杜
林格论——哲学·经济学·社会主义·批判》为题翻
译出版了《反杜林论》的三版序言、绪论以及"哲学"
编；杜畏之在 1932 年 8 月出版的《自然辩证法》中
发表了其所翻译的《反杜林论》第二版序言
和部分概论；程始仁在 1930 年 4 月出版的《辩
证法经典》中刊载了其所摘译的《反杜林论》
概论部分，标题为《唯物辩证法与马克思主
义》；周建人于 1948 年 8 月出版的《新哲学
手册》中发表了其摘译的部分《反杜林论》；
1949 年 10 月梁武翻译的《新哲学典范》与《新
经济学典范》刊载了《反杜林论》的第一版序言、引
论第二节"杜林先生许下了什么诺言"、第一编"哲
学"编和第二编"政治经济学"编。

《反杜林格论》（钱
铁如译本，昆仑书
店 1930 年版）

20 世纪 30 年代是马克思主义在我国传播的一个重要时间节点。在 1927 年大革命失败后，国民党反动派大肆禁毁国内的马克思主义著作，先后颁布了带有专制色彩的《图书法》《图书杂志审查大纲》《新闻检查大纲》等法令，一方面组织销毁已出版的马克思主义著作，另一方面严禁马克思主义著作的翻译出版。与之形成鲜明对比的是，在中国共产党的领导下，中国社会科学家联盟（社联）、中国左翼作家联盟（左联）等以马克思主义为指导的组织纷纷成立，在高压之下有组织地对马克思主义著作进行翻译出版。马克思主义著作大规模、有组织地翻译出版，标志着马克思主义在中国的传播进入了新阶段。

"理论只要说服人，就能掌握群众；而理论只要彻底，就能说服人。"[1] 马克思主义以其不灭的真理光辉吸引着为处于危难的中国谋求革命出路的先进知识分子。在中国共产党的积极组织下，在众多先进知识分子的革命热情推动下，《反杜林论》《哲学的贫困》《费尔巴哈论》等一大批马克思主义著作被翻译出版。如上所言，一时间，《反杜林论》也出现了诸多译本。对《反杜林论》的书名和作者的翻译可以说五花八门，以 2014 年人民出版社出版的全集本为参考，具体比较如下：

1　《马克思恩格斯文集》第 1 卷，人民出版社 2009 年版，第 11 页。

版本	全集本（2014）	德文本	徐苏中本	吴亮平本	程始仁本	叶作舟本	钱铁如本
书名	反杜林论	*Herrn Eugen Dühring's Umwälzung Der Wissenschaft*	丢林科学底变革	反杜林论	反笛灵格论	反杜林格	反杜林格论
作者	恩格斯	Friedrich Engels	阴格尔	恩格斯	昂格斯	恩格思	恩格斯

　　在诸多译本之中，最为重要的无疑是吴亮平的全译本。吴亮平于 1930 年夏参照德文原版与俄文版、日文版进行翻译，经过三个月的艰辛努力，书稿终于完成，于 11 月 15 日交由上海江南书店出版，至此，《反杜林论》终以全貌得以与中国广大进步青年见面。全译本系统反映了马克思主义的整体思想，阐述了马克思主义的基本原理，为中国共产党人学习马克思主义、理解马克思主义提供了系统全面的思路和方法，被毛泽东称赞道"其功不在禹下"。

吴亮平（1908-1986），曾名吴黎平，中国著名的无产阶级政治活动家、马克思主义理论家和翻译家。1925年加入中国共产主义青年团，同年赴苏联莫斯科中山大学学习，后留校任教。1927 年加入中国共产党。1929 年回国后在中共中央宣传部主编《环球》周刊，并参加中央文化工作委员会的领导工作。1930 年首次将《反杜林论》全书译成中文。著有《社会主义史》《辩证唯物论与唯物史观》《从资产阶级民主革命到社会主义革命》等

　　1928 年，中共六大通过的决议案明确要求，"发行马克思、恩格斯、斯大林、布哈林及其他马克思主义、列宁主义领袖的重要著作"[1]。在社联的安排下，1930 年夏，吴亮平接手了朱镜我、王学文、彭康等同志翻译《反杜林论》的工作，于 1930 年 11 月在地下党负责的江南书店出版，署名吴黎平，甫一出版便

1　《中共中央第六次全国代表大会档案文献选编》（下），中共党史出版社 2015 年版，第 916 页。

在社联创办的《书报评论》创刊号（1931 年 1 月）"新书介绍"栏目中进行介绍。

　　吴亮平作为中国共产党杰出的理论家、翻译家，年少时便在父亲的影响下广泛阅读进步刊物，如邵力子主编的《觉悟》和蔡和森主编的《向导》等。他回忆道："读书开拓了我的视野，丰富了我的知识，提

莫斯科中山大学，创办于 1925 年 10 月 7 日，全称为"中国劳动者中山大学"，第一次国共合作期间共产国际与苏联为纪念孙中山和为中国培养从事国民革命的人才而创立。邓小平、王明、林伯渠、徐特立、吴玉章、何叔衡、叶剑英等人均在该校有过学习经历

高了我的爱国主义民族意识。"[1]吴亮平于 1923 年考取了大夏大学，在大学期间，积极参加爱国主义运动，并阅读了《共产党宣言》《价值与利润》《社会主义从空想到科学的发展》等马克思主义书籍。在恽代英

1　转引自雍桂良等《吴亮平传》，中央文献出版社 2009 年版，第 5 页。

的推荐和党组织的安排下，1925 年 10 月，吴亮平前往莫斯科中山大学学习，课程有政治学、经济学、哲学、历史学、英语、俄语等，这些都为吴亮平的翻译工作打下了坚实的基础。

除了翻译文本的复杂艰辛之外，对于吴亮平而言，当时国民党的高压政策、恐怖统治和迫害也是他不得不面对的困难。1927 年蒋介石背叛革命，进行反动统治，在白色恐怖统治中，革命事业陷入低谷，马列主义著作遭到了国民党反动派的销毁，《反杜林论》也是其中之一。吴亮平身份特殊，在上海，他一方面要在法政大学冒名代课，另一方面需要提防国民党反动派的监视与跟踪，在这种情况下他仍坚持翻译，这使得《反杜林论》首译本的出版发行更彰显出马克思主义的伟大光辉。

在 1930 年的首译本出版不久，吴亮平便被国民党反动派抓捕关押到上海提篮桥监狱，直至 1932 年被中国共产党营救出狱。在监狱期间，吴亮平不屈不挠，坚持马克思主义的崇高理想，在狱友中进行马克思主义的思想宣传工作，将监狱变成了马克思主义学校。

1937 年，吴亮平随红军长征来到延安。1939 年，在毛泽东的鼓励下，吴亮平根据苏联马克思列宁主义研究院 1938 年订正的新版俄文本以及德文原本和英文本订正了已经出版的《反杜林论》中的一些错误，并于 1940 年 8 月由延安抗战书店出版。吴亮平在《〈反杜林论〉中译本的五十年》一文中写道："《反杜林论》订正版，对我来说始终具有特殊的纪念意义，因为它是在毛主席的亲自鼓励和督促下完成的，如果说，1930 年我第一次翻译《反杜林论》时，主要是出于对马列著作和革命理论的朴素感情（当时我仅 22 岁），那么到了这时，我在毛主席的教育下，对搞好《反杜林论》这本名著译本的认识有了较大的提高。"[1]

首译本出版之后，在进步人士中间广受好评，到 1940 年再版前进行了多次翻印。1932 年 7 月，李达主持的笔耕堂书店将吴亮平署名改为"吴理屏"进行印刷；1938 年，生活书店进行翻印；1939 年，由上海搬迁到重庆的生活书店又对《反杜林论》的吴亮平译本进行印刷出版。《反杜林论》的畅销是马克思主义在中国广泛传播的结果，更是马克思主义理论真理性、革命性的显现。

新中国成立后，将马克思主义学说理论化、系统化的工作走上正轨，对马克思、恩格斯的文本翻译、文献学研究也更上一层楼。吴亮平于 1951 年开始对《反杜林论》的文本翻译进行又一次校勘核对，参考的底本为 1950 年俄文版，同时参考德文原版与 1954

---

[1]　转引自雍桂良等《吴亮平传》，中央文献出版社 2009 年版，第 97 页。

年莫斯科英文版，这项工作直到 1955 年底才完成，由人民出版社于 1956 年 2 月出版发行。

除吴亮平，中共中央编译局也组织团队，以德文版《马克思恩格斯全集》、1958 年《马克思恩格斯文选》（两卷集）以及俄文本为依据，对《反杜林论》进行翻译。1966 年出版的《马克思恩格斯选集》第三卷中便采用了中共中央编译局组织翻译的版本。这个译本也被采纳进 1971 年出版的《马克思恩格斯全集》第二十卷之中。除此之外，人民出版社 1970 年出版的《反杜林论》单行本第一版、1972 年出版的《马克思恩格斯选集》第三卷均采用此版本。

之后，中共中央编译局对《反杜林论》的翻译多次进行斟酌和修正：1995 年出版的《马克思恩格斯选集》（中文二版）第三卷与 1999 年人民出版社出版的《反杜林论》单行本第二版均根据德文版重新校正；2009 年中共中央编译局编译出版的《马克思恩格斯文集》第九卷则是根据《马克思恩格斯全集》历史考证版（*MEGA2*）和《马克思恩格斯全集》德文版原文重新作了审核与修订，同时还收录了《〈反杜林论〉的准备材料》、恩格斯的《步兵战术及其物质基础。1700—1870 年》以及《恩格斯在〈社会主义从空想到科学的发展〉中对〈反杜林论〉正文所作的补充和修改》。

此外，民族出版社根据中共中央编译局翻译的

《反杜林论》相继出版了维吾尔文版（1972年7月和1978年6月两版）、朝鲜文版（1972年10月）、蒙文版（1972年12月）、藏文版（1973年8月）、哈萨克文版（1975年10月）等民族文字译本。新疆人民出版社于1977年3月出版了托忒蒙古文版。将《反杜林论》以少数民族语言翻译出版，推动了马克思主义在中国少数民族中的广泛传播，也促进了马克思主义在世界范围的传播。

《反杜林论》蒙文版正文第一页

《反杜林论》藏文版正文第一页

《反杜林论》维吾尔文版正文第一页

《反杜林论》中文版正文第一页（《马克思恩格斯文集》第9卷，人民出版社2009年版）

二、欧根·杜林的"粉墨登场"及其消极影响

1. 欧根·杜林的代表作及其理论观点

卡尔·欧根·杜林是 19 世纪德国哲学家、庸俗经济学家，是杜林体系及杜林主义的创始人，同时也是一位反马克思主义学者和小资产阶级社会主义的代表。

欧根·杜林（1833—1921），德国哲学家、庸俗经济学家。出身于普鲁士官吏家庭，曾经开业当律师。1863 年至 1877 年任柏林大学私人讲师，打着"革新科学"的幌子，对马克思主义进行全面攻击，并在德国社会民主党内纠集自己的追随者，进行分裂活动，妄图另外组建新党。1877 年因与官方教授发生冲突，被解除柏林大学私人讲师职务。1889 年创办《人格主义者和解放者》刊物，继续攻击马克思主义，鼓吹反犹太主义。十月革命后攻击共产主义和苏维埃国家。主要著作有《国民经济学及社会主义批判史》《国民经济学及社会经济学教程》《哲学教程》等

　　杜林出身于普鲁士官吏家庭，12 岁时不幸丧父，家道中落。他先是被送往科梭麦尔孤儿院，后来又到哈姆斯塔文科中学寄宿上学。1853 年至 1856 年，杜林进入柏林大学学习法律，毕业后顺利成了柏林高级法院的一名律师。然而，身患眼疾的他无法继续维持正常工作，于是退出司法界。在获得柏林大学哲学博士学位后，双目濒临失明的杜林于 1863 年成为柏林大学历史、哲学和国民经济学的私人讲师。自担任讲师职务开始，杜林就自称社会主义"改革家"，宣扬折中主义的哲学、庸俗经济学和反动的社会主义理论，对马克思主义尤其是《资本论》进行猛烈的抨击，还言辞激烈地批判大学的各种制度。杜林并未加入德国社会民主工党（爱森纳赫派）和合并后的德国社会主义工人党。

　　1875 年 5 月哥达合并代表大会之后，德国社会主义工人党党内机会主义、反马克思主义和"伪科学"思潮泛滥。杜林不切实际的理论主张获得众多拥趸，原本就不甚团结的德国社会主义工人党面临分裂的危机。1877 年，杜林因与学校行政当局发生冲突而被解除职务，此后便一直致力于个人的写作事业。直至俄国十月革命胜利后，杜林仍敌视和攻击苏维埃政权。1921 年 9 月 21 日，杜林卒于波茨坦，享年 88 岁。

　　早在马克思《资本论》第一卷第一版出版之前，年轻的杜林就已发表一系列著作，如《资本和劳动：

对于老问题的新回答》（*Capital und Arbeit：Neue Antworten auf alte Fragen*）、《凯里在国民经济学和社会科学中实行的变革》、《生命的价值》（*Der Werth des Lebens*）、《自然辩证法》（*Natürliche Dialektik*）、《国民经济学批判基础》（*Kritische Grundlegung der Volkswirthschaftslehre*）、《贬低凯里的功绩的人和国民经济学的危机》（*Die Verkleinerer Carey's und die Krisis der National konomie*）等。《资本论》第一卷出版后，杜林就立即写了一篇题为《马克思的〈资本论·政治经济学批判〉》的书评，并发表在《现代知识材料补充》杂志的第 3 卷第 3 期上。这篇书评中不仅充斥着对马克思思想的严重歪曲，还夹杂着对经济学家罗雪尔等人的个人攻讦。

19 世纪 70 年代，自命为社会主义信徒的杜林又连续出版了他最为知名的几本著作，以"理论权威"和"社会主义的行家兼改革家"的身份向马克思主义发起猛烈攻击。他在《国民经济学及社会主义批判史》（1871 年第 1 版与 1875 年第 2 版）和《国民经济学及社会经济学教程》（1873 年第 1 版与 1876 年第 2 版）中宣扬德国小资产阶级的庸俗政治经济学理论和一种空泛浅薄的社会主义学说，随后又在《哲学教程——严格科学的世界观和生命形成》（1875 年）中复刻黑格尔在《哲学全书》中的思辨哲学理论框架，宣扬唯心主义和形而上学的世界观。1881 年，这位哲学

杜林的著作《作为种族、习俗和文化问题的犹太人问题》

家又发表了《作为种族、习俗和文化问题的犹太人问题》一书，并在其中宣称犹太民族是个"独一无二"的民族，完全无法融入德国的文化。他讽刺犹太人是"寄生虫"，呼吁灭绝全世界的犹太人。1889年，杜林创办刊物《人格主义者和解放者》，继续攻击马克思主义，鼓吹反犹太主义。

总体而言，杜林的著作涉及哲学、政治经济学和社会主义理论三大领域，其思想体系后来被指证为一种将实证论、机械唯物论和唯心论调和在一起的折中主义大杂烩。在哲学方面，杜林大肆抄袭康德、黑格尔和孔德等资产阶级哲学家的观点，不但鼓吹唯心主义先验论，认为现实世界的构成服从于产生自思维的先验"原则"，而且宣扬庸俗的唯物论，从而形成一种折中主义；在政治经济学方面，他以资产阶级庸俗政治经济学的观点攻击马克思的剩余价值理论，为资本主义制度和私有制进行辩护，并把暴力看作产生剥削的根源，否认暴力革命在历史上的作用；在社会主义理论方面，他秉持资产阶级的人性论，反对更改资本主义生产方式，主张在"普遍的公平原则"上建立经济公社，践行平均主义的小资产阶级社会主义。

（1）杜林的哲学观点

众所周知，哲学的基本问题是思维与存在的关系问题，其中的一个方面就是思维和存在何者为第一性的问题。根据对这一问题的回答，划分出唯物主义和唯心主义两大基本派别。认为存在是本原而思维是派生的，这种立场是唯物主义；反过来，认为思维是本原，存在是派生的，这种立场是唯心主义。换句话说，传统对思维和存在何者为第一性这一问题，有且仅有唯物主义和唯心主义这两种对立的答案。然而，历史和现实中总有一些人不满意这种非此即彼的回答，他们企图把唯物主义和唯心主义以一种无原则拼凑的方式调和起来，成为一种折中主义，或叫作二元论的哲学。杜林就是一个典型的折中主义者。

杜林首先认为，思维与存在是不容混淆的两回事，正如他在《哲学教程》中所说的，"物质的概念永远也不能是物质本身"。并且他还认为，存在、物质是第一性的，是世界的本原，思维意识是被派生出来的。继而他提出，世界统一于存在，"包罗万象的存在是唯一的"[1]。这样看起来，杜林的观点似乎没什么毛病，但如果我们因此就简单地认为杜林是一个唯物主义者，那就大错特错了。因为，杜林所说的"存在"的含义并不等同于"存在决定意识"的"存在"。后一个"存在"指的是不以人的主观意志为转移的客观

1　《马克思恩格斯文集》第9卷，人民出版社2009年版，第44页。

世界、物质，而杜林的"存在"是一个含糊不清的概念，并不仅仅指客观物质世界，还包括上帝、精神等。因此，杜林在哲学上并不是一个彻底的唯物主义者。

在此基础上，杜林还得出一个推论：唯一的存在是统一的。"我从存在开始。因此我思考着存在。关于存在的思想是统一的。但是思维和存在必须互相协调、互相适应、'互相一致'。因此，在现实中存在必须互相协调、互相适应、互相重合。因而，在现实中存在也是统一的。"[1]他的意思是，世界统一于原则。他首先把哲学研究的对象分为三类：原则、自然界和人类社会。其次，他认为，在自然界和人类社会出现之前，"原则"就已经存在了。有了"原则"的存在和发展，才产生出了适应"原则"的自然界和人类社会。而且，他反对将哲学研究的对象看作自然界、人类社会和思维发展的一般规律，认为从根本上说哲学研究的就是原则，只要人们发现并认识了原则，就可以无所不知。

那么，作为出发点的"原则"是如何产生的呢？杜林说，是从思维中得来的，正因为思维是统一的，所以现实世界才是统一的。而且这个思维不仅是指人类的思维，天体上一切有意识的生物的思维也被包含在其中。杜林认为，思维的本质和唯一功能在于能够

1　《马克思恩格斯文集》第9卷，人民出版社2009年版，第46页。

把思维的对象综合为一个统一体。世界上的万事万物之所以统一，是因为所有事物都经过思维过程，被包罗进了统一的思想当中。因此，所有的事物再也没有所谓的变化、运动，也没有相互之间的差别，而是全部都像数学符号一样被思维统一处理。"任何问题都应当从简单的基本形式上，按照公理来解决，正如对待简单的……数学原则一样。"[1] 基于此，他不顾人类认识过程的实际情况，妄想建立一个凌驾于一切科学之上、能够解释宇宙中一切事物和问题的"终极真理"体系。

杜林在数学上的观点也体现出其思想的先验主义特质。正如其他类别的科学一样，数学也是人类实践活动的产物，来自客观的经验世界。虽然数字在现实生活中并无具体的形态，但数字在最初产生时，都是从具体的事物中抽取出来的，而不是人的思维自由创造的结果。但是，他把纯数学看作与现实的物质世界无关的东西，认为它可以不利用外部世界给我们提示的经验，而完全是由人类思维自由自发地创造出来的东西，在客观物质世界中也没有与之相对应的事物。

他构建了看似具有独创性的唯物主义的理论框架，实则却用唯心主义与先验论的内容来填充，字里行间都透露着思维和意识为第一性、物质为第二性的

1　《马克思恩格斯文集》第9卷，人民出版社2009年版，第44页。

思想。并且，他不仅认识不到思维的现实基础是人与自然界，反而将思维同人与自然界割裂开来并形成一种对立，这样他所讲的思维就只能是先验的存在。可见，杜林的这一世界模式论正是在抄袭了黑格尔《逻辑学》中"本质论"的基础上得来的。

由于杜林对黑格尔的辩证法一无所知，因此在自然哲学方面的理论也是极其荒诞可笑的。杜林认为，世界由事物组成，事物在数量上和规模上都是有限的，有限的事物不断地相加，相加的结果必定依然是有限的，所以世界在空间上是有限的。同时，世界中无穷无尽的因果链条在时间上一定有个开端，世界在时间上是有开端的，这个开端就是"上帝"，所以世界在时间上是有限的。杜林用上帝来保证他机械的时空观，表面上承认世界的无限性，但是实际上他所说的无限是由有限构成的，其矛盾不言自明。

在他看来，时间开始之前的世界最初处于一种静止的、不变的"原始的自身等同状态"，这是一种物质和机械力统一的状态，即所谓的"宇宙介质的状态"。杜林由此提出了物质和运动可以分离的谬论，由于物质和时间空间是彼此独立的，因此物质可以脱离时间空间而存在，时间空间也可以脱离物质而存在。他否认自然界和人类社会中矛盾的存在，否认矛盾的同时也就否认了运动，从而把物质和运动割裂开来的同时也宣扬绝对静止，导致其理论陷入了形而上学。

（2）杜林的经济学思想

对杜林的经济思想产生重要影响的是德国经济学家乔治·弗里德里希·李斯特和美国经济学家亨利·查尔斯·凯里。李斯特作为德国历史学派的先驱，主张在自由贸易的前提下加强对经济的保护；凯里是阶级利益调和论的倡导者。杜林正是在这两位先驱所提倡的国家干预和保护贸易思想的影响下，形成了自己的经济学思想，为资产阶级的反动统治进行辩护。

乔治·弗里德里希·李斯特（1789—1846）

亨利·查尔斯·凯里（1793—1879）

杜林作为小资产阶级的经济学家，鼓吹资本主义社会是真理的体现，资本主义生产规律是永恒不变的自然规律。在马克思主义政治经济学中，生产、交换与分配之间的关系是辩证统一的，其中生产起着主导的决定性作用，分配是生产和交换的产物并反过来影响着生产和交换。杜林却孤立地、抽象地认为，生产和分配根本就是风马牛不相及的两回事，从而将二者割裂开来。杜林认为分配不是由生产决定的，而是由暴力决定的。暴力在马克思主义的语境中属于上层建筑的范畴，是由经济基础所决定的，同时对经济基础具有一定的反作用。也就是说，经济基础是第一性的东西，暴力等处于从属地位。但是，杜林却将暴力作为基础，并认为一切经济现象都应该通过暴力来解释。为了给自己的这种观点提供"理论基础"，他在自己的头脑中抽象地设想出两个人，一种情况是他们平等友好地进行关于产品分配问题的讨论，从而达到两人都满意的结果；在另一种情况中他们之间是不平等的，一方通过对另一方使用暴力来获取更多分配上的利益。他认为，阶级社会的历史正是后一种模式在现实中的上演，即广大工人受到的剥削和压迫与社会的生产方式无关，而恰恰是由暴力产生的结果。而暴力又是如何产生的呢？杜林把暴力看作人的意志的产物，是由意志决定的。只要人存在对他人施加暴力和压迫的意志与思想，就会付诸相应的行动，也会形成相应的制度。

　　在资本主义社会中，社会生产确实在不断发展，资本家手中的财富越攒越多，但不计其数的工人承受着越来越沉重的经济负担。杜林不懂马克思主义政治经济学的矛盾分析的方法，也不从资本主义社会的基本经济事实出发，而是以他的"暴力决定分配论"的谬论解释道，资本主义社会中的不平等问题都不是资本主义的生产方式带来的，而是分配方式出现了问题。蕴含暴力的、错误的分配方式使得一部分人优先获得了数额远超于他人的资本，剩下的大部分人在这种不平等的环境下逐渐贫困化。也就是说，根本不需要像马克思说的那样推翻资本主义制度，而是在保持旧的分工的同时，只需要基于道德和正义对资本主义的分配方式做一些改良，就可以解决社会中资本占有不平等的问题，进而消除资本主义的弊端，创造完美的社会。但是，他对正义的认识仍然建立在简单的主观臆想之上。在 19 世纪 60 年代他认为私有制和雇佣劳动是正义的，但在 70 年代所写的《国民经济学及社会经济学教程》中他又把观点改成了私有制和雇佣劳动都是暴力的产物，是非正义的。

可见，杜林在政治经济学上持有的是一种空洞的历史唯心主义和形而上学的观点。他无视历史发展的客观规律，用头脑中虚构的画面和胡言乱语来支撑自己的论点；他反对马克思主义的政治经济学，维护资本主义制度，实质则是反对无产阶级暴力革命，企图瓦解蓬勃兴起的工人运动。

（3）杜林的社会主义理论

杜林的社会主义理论体现出的是一种历史唯心主义。他对马克思主义的科学社会主义持反对态度，否认马克思所作出的资本主义终将由共产主义所代替的论断。

他表面上控诉资本主义制度的罪恶，实则却是在以社会主义之名行为资本主义辩护之实。杜林宣称社会主义是建立在"普遍的公平原则"之上的终极真理，而资本主义制度破坏了这种"普遍的公平原则"，因而是罪恶的。杜林还认为，资本主义社会中发生的经济危机不是资本主义生产方式本身带来的，而是一种偶然现象。他试图从消费的层面来直接解释经济危机的发生，认为人们的消费水平过低导致了经济危机。杜林从心理因素的角度提出解决方案，认为人们的消费和享受的欲望会促使人们进行生产活动，从而推动经济的发展。因此只要工人的工资给得足够多，再加上支持工人间以及工人和企业之间的合作等途径，社会就能不断增加资本的积累，以此形成一种良性循环。

　　因此，在《国民经济学及社会经济学教程》一书中，他主张在不改变资本主义生产方式的前提下，建立"社会主义"的社会形式。这是一个基于"普遍的公平原则"之上的由许多经济公社组成的集团，即"共同社会"。这些实行公有制的经济公社是一些人的集合体，这些人由于共享对土地和生产企业的支配权利而相互联系在一起，人们共同进行生产，并按照"普遍的公平原则"进行分配。人们享有平等的消费权利，也承担平等的生产义务。并且，经济公社组成了一个"共同社会"，这是一个商业组织形式的集合体，其存在的意义是平衡各个经济公社之间的利益。

　　杜林还认为，各经济公社之间能够根据一定的法律法规来进行人员的迁徙以及接受新的成员。但是如此一来，就必然会产生人们从贫穷的公社迁徙至富有的公社的现象。也就是说，即使有"共同社会"来维持公社间的利益平衡，公社中的成员之间以及各个公社之间的竞争也仍然被允许存在。这样看来，这些经济公社都是在市场经济体制中运行的市场主体，各个公社之间以及社员之间依然要服从市场竞争的规则，即实际上仍然在变相地实行一种资本主义私有制。

那么，在这样的"共同社会"中，分配问题应该如何解决呢？杜林是这样设想的：首先，在"共同社会"中，由于人们享有平等的权利，也承担平等的义务，那么劳动和报酬就应该按照平等估价的方式进行。所有的劳动也没有简单劳动和复杂劳动之分，只要是耗费了时间和力量的行动，其劳动时间都是等价的。"一种劳动……按照平等估价的原则和别种劳动相交换……贡献和报酬在这里是真正相等的劳动量。"[1]其次，由于集体是人们劳动产品的所有者，因此只有在经济公社和成员之间、经济公社和"共同社会"之间才存在交换，并且在交换中保留金属货币。再次，经济公社以劳动量估计出生产费用，再按照这个生产费用来统一规定商品的价格，并在劳动量的估算中要考虑到参与劳动的人数。最后，每个成员从经济公社那里将得到同等数目的货币工资，从而能够交换到同等数目的商品。杜林荒唐地以为如此一来资本主义的分配方式就被消灭了，取而代之的是普遍公平的社会主义。

然而，杜林似乎忘掉了社会的发展有赖于财富的积累，如果劳动和报酬按照杜林所说的平等估价的方

1　《马克思恩格斯文集》第9卷，人民出版社2009年版，第316页。

式进行，那么经济公社就无法进行经济的积累，最终只能依靠经济公社的成员进行私人财富的积累并引起竞争。可见，杜林的社会主义理论包含着自相矛盾的荒谬空想，正如恩格斯所说："如果它真的能拼凑起来并维持下去，那么，它的唯一目的就是重新产生金融巨头，它将在金融巨头的控制下并为他们的钱袋勇敢地竭尽全力地工作。"[1]

2. 杜林对马克思学说的曲解与攻讦

杜林从各个方面公开对马克思主义理论进行猛烈攻击。在哲学上，他试图根本性地否定马克思的学说，污蔑马克思主义是"辩证法的神秘杂货摊""哲学偏见"。他看到马克思对黑格尔辩证法的继承，却压根没有看出马克思对黑格尔辩证法的唯物主义改造和批判性阐发，污蔑马克思的辩证法是对黑格尔辩证法的抄袭。"在叙述和研究方法方面，黑格尔逻辑学的专家（指马克思——笔者注）毫无例外地运用了相应的辩证法，经济理论的全部材料都被纳入到了

《资本论》第一卷
（1867 年）

1　《马克思恩格斯文集》第9卷，人民出版社2009年版，第322页。

这种形式之中。"[1]他不停地强调马克思对黑格尔"否定之否定"的依附性，认为在这一点上马克思如果不依靠黑格尔的"辩证法的拐杖"和抽象的"否定之否定"，就无法论述社会主义公有制和个人所有制的统一，无法叙述资本主义原始积累的历史，也无法证明社会革命的必然性。

杜林错误地理解和运用了马克思的否定辩证法。马克思的否定辩证法是在对黑格尔辩证法进行批判和改造的基础上产生的。黑格尔整个哲学体系在本质上是抽象的，是以纯粹的思辨为起点。而马克思的否定辩证法是以唯物史观为基础，以生产力和生产关系的矛盾运动为基础的。马克思基于这种

上海复兴公园中的马克思恩格斯雕像

否定辩证法，以客观的不以人的主观意志为转移的社会历史过程之必然性为依据，构建出一种个人所有制。"从资本主义生产方式产生的资本主义占有方式，从而资本主义的私有制，是对个人的、以自己劳动为基础的私有制的第一个否定。但资本主义生产由于自然

1　Eugen Dühring，"Marx. Das Kapital，Kritik der politischen Oekonomie，1.Band，Hamburg 1867，"*Ergänzungs-blätter zur Kenntniss der Gegenwart*，Bd.3，H.3，1867,pp.182-186.

过程的必然性，造成了对自身的否定。这是否定的否定。这种否定不是重新建立私有制，而是在资本主义时代的成就的基础上，也就是说，在协作和对土地及靠劳动本身生产的生产资料的共同占有的基础上，重新建立个人所有制。"[1]通过这一螺旋式上升的过程所建立的个人所有制并不是简单的重复，而是更高形式的扬弃和发展，这是马克思对社会主义的实现所作出的科学而辩证的阐释。

而杜林在《国民经济学及社会主义批判史》中认为，社会主义的规划要通过对基于暴力的所有制的否定来实现。他将马克思所讲的个人所有制的"重新建立"理解为对被资本主义私有制否定了的劳动者的生产资料个人所有制的简单"恢复"，他也无法理解生产资料公有制和个人所有制是如何并存的。因为在他看来，个人所有制是被资本原始积累消灭了的个体劳动者的"个人所有制"。所以他攻击马克思说："从16世纪以来通过上述方法实现的个人所有制的消灭，是第一个否定。随之而来的是第二个否定，它被称为否定的否定，因而被称为'个人所有制'的重新建立，然而是在以土地和劳动资料的公有为基础的更高形式上的重新建立。既然这种新的'个人所有制'在马克思先生那里同时也称为'社会所有制'，那么这里正

---

1 《马克思恩格斯文集》第5卷，人民出版社2009年版，第874页。

表现出黑格尔的更高的统一，在这种统一中，矛盾被扬弃，就是说按照这种文字游戏，矛盾既被克服又被保存……马克思观念的混沌杂种，并不使这样的人感到惊奇……马克思先生安心于他那既是个人的又是社会的所有制的混沌世界，却让他的信徒们自己去解这个深奥的辩证法之谜。"[1]

由于杜林没有认识到人类历史发展的过程，于是他从唯心主义出发进行论述，脱离了科学的轨道。马克思主义将经济作为"历史上基础性的东西"，而杜林恰恰认为"一切经济现象都应该由政治原因来解释，即由暴力来解释"；马克思全面地看待暴力在历史上的作用，认为暴力并不应该被绝对否定，在一定的社会历史条件下，暴力也将发挥其积极作用，杜林则将暴力完完全全地看作必须被抛弃的东西，认为一切暴力都是坏的，并把社会主义的实现方式设定在对暴力的所有制的否定上。

杜林在经济学上也严重歪曲马克思的劳动价值理论和剩余价值理论等学说。马克思的劳动价值理论对商品经济的本质和运行规律进行了深入剖析，揭示了私有制条件下商品经济的基本矛盾。可以说，劳动价值理论具有非常重要的理论和实践意义，它不仅在《资

1　《马克思恩格斯文集》第9卷，人民出版社2009年版，第136—137页。

本论》第一卷中占据首要地位，更为剩余价值理论的创立奠定了理论基础。杜林虽然认识到马克思劳动价值理论的重要地位，但并没有正确把握其内涵与本质，在论述时常常曲解和偏离马克思的观点。

英国切塔姆图书馆内马克思使用过的书桌

马克思的劳动价值理论是对威廉·配第、亚当·斯密、大卫·李嘉图所提出的劳动价值论的继承与改进，提出"劳动创造价值"这一基本观点。杜林显然看到了马克思的劳动价值理论所超越前人的地方，但是他对"劳动创造价值"这一论断表示质疑。他说，"这种价值观念绝不是没有争议的"，马克思"为了给这种价值观念尽可能精确的形式，把耗费在物品上的抽象劳动时间作为出发点。这样，每件物品的价值就通过一定的工作日或小时数而得以确定"[1]。在马克思的观点中，具体劳动指的是生产一定使用价值的具体形式劳动，抽象劳动是凝结在商品中的无差别的人类劳动，是对商品生产过程中具有的社会生产关系的反映，是一种特殊形态的社会劳动规定。商品的价值正是由抽象劳动所创造的。杜林虽然指出了抽象劳动这一概念，

1　Eugen Dühring，"Marx. Das Kapital，Kritik der politischen Oekonomie，1.Band，Hamburg 1867，"*Ergänzungs-blätter zur Kenntniss der Gegenwart*，Bd.3，H.3，1867,pp.182-186.

但他对抽象劳动的认识并不准确，对具体劳动和抽象劳动之间的关系并没有形成恰当的认识。

其次，杜林还将商品的价值和价格混为一谈。马克思主义政治经济学中的观点是：价值是凝结在商品中无差别的一般人类劳动，商品的价值取决于生产商品所耗费的社会必要劳动时间。而价格以价值为基础，是由价值所决定的，是商品价值的货币表现。杜林没有对价值和价格的本质与关系形成正确的认识，认为两者在本质上并无差别，只是一个不能用货币来表现，另一个能用货币来表现。

再者，杜林对马克思关于简单劳动和复杂劳动的学说进行了曲解与否定，不加区分地使用"劳动时间"的概念。在马克思的劳动价值理论体系中，简单劳动和复杂劳动理论是一个重要的组成部分。简单劳动指的是那些不需要劳动者事先进行训练和学习，只要具备劳动能力就可以从事的劳动；复杂劳动指的是需要劳动者事先经过训练和学习，具备一定技术和专长才可从事的劳动。简单劳动是计量价值的标准，而由于在复杂劳动中劳动者付出了更多的辛劳、时间与金钱，因此在相同时间内，复杂劳动能够比简单劳动创造更多的价值。然而，杜林认为，任何劳动时间都是等价的，从而否定马克思的价值论，认为其"无非是一种普通的……学说，它认为，劳动是一切价值的原因，而劳动时间是一切价值的尺度。……事情并不像马克思先生模模糊糊地想象的那样：某个人的劳动时间本身比另一个人的劳动时间更有价值，因为其中好像凝结着更多的平均劳动时间；相反，一切劳动时间毫无例外地和在原则上（因而不必先得出一种平均的东西）都是完全等价的，只是就一个人的劳动来说，正像任何成品一样，必须注意到，在好像纯粹是自己的劳动时间的耗费中可能隐藏着多少别人的劳动时间。……可是马克思先生在他的关于价值的议论中，总是不能摆脱熟练的劳动时间这个在背后作怪的幽灵。有教养的阶级的传统的思维方式使他在这方面不能果断行事；在有教养的阶级看来，承认推小车者的劳动时间和建筑师的劳动时间本身在经济上完全等价，好像是一件非常奇怪的事情"[1]。

1875 年马克思摄于伦敦

在《资本论》中，马克思第一次系统而全面地阐述了剩余价值理论，明确提出了资本是能带来剩余价值的价值，是一种特殊历史阶段上的社会生产关系。这本著作出版后不久，杜林就开始发表书评，对马克思的剩余价值理论进行攻击与污蔑。杜林是这样说的："关于资本，马克思先生首先不是使用流行的经济学概念，即资本是已经生产出来的生产资料，而是企图创造一种更

1　《马克思恩格斯文集》第 9 卷，人民出版社 2009 年版，第 204—205 页。

专门的、辩证的历史的观念，这种观念无异于玩弄概念和历史的变态术。他说，资本是由货币产生的；它构成一个历史阶段，这个阶段开始于 16 世纪，即开始于大概在这个时期出现的世界市场萌芽时期。显然，在对概念的这种解释中，国民经济学分析的尖锐性就丧失了。在这些应该半是历史和半是逻辑的、而实际上只是历史幻想和逻辑幻想的杂种的荒谬观念中，知性的识别力连同一切诚实的概念运用全都消失了"，"马克思关于资本概念的表述，只能在严谨的国民经济学中引起混乱……产生冒充深刻的逻辑真理的轻率见解……造成基础的薄弱"。[1]一方面，杜林错误地认为马克思提出剩余价值理论是对以往经济学将资本看作"生产资料"的传统观念的一种彻底否定。另一方面，马克思在关于资本与货币的联系的问题上，其本意只是阐述一个事实，即只有当商品经济发展到一定阶段，劳动力成为商品，用货币购买劳动力之后，货币才可转化为资本，而不是简单地说资本是由货币产生的。杜林在这里显然歪曲了马克思的意思，将资本与货币的内在关系作了武断的论述，硬说马克思认为资本是由货币产生的。

马克思在剩余价值理论中指出，绝对剩余价值

1　转引自《马克思恩格斯文集》第 9 卷，人民出版社 2009 年版，第 210 页。

和相对剩余价值是剩余价值的基本形式。在必要劳动时间不变的条件下，通过绝对延长工作日从而绝对延长剩余劳动时间所生产出来的剩余价值，就是绝对剩余价值。根据马克思的这一理论，杜林指出，在资本家的榨取和剥削之下，工人实际创造的价值多于资本家实际支付的工资。而如何计算资本家对工人的剥削程度呢？是通过计算剩余价值与可变资本的比率，即剩余价值率所得出的。在《资本论》中，马克思一般把剩余价值率设为 100%。但需要注意的是，100% 的剩余价值率只是马克思举出的一个例子，是一个没有实际含义的假设，

2021 年 9 月 23 日上海青浦东方绿舟国防教育基地展出的马克思恩格斯雕像

并不是说马克思规定了或发现了剩余价值率只能是 100%。然而，杜林在这一点上错误地认为，"工人的劳动时间中最多有一半是为自己的，另一半是为资本家无偿劳动的"[1]。杜林也并没有谈到马克思所引入的可变资本和不变资本这两个关键概念。

1　Eugen Dühring, "Marx. Das Kapital, Kritik der politischen Oekonomie, l.Band, Hamburg 1867," *Ergänzungs-blätter zur Kenntniss der Gegenwart*, Bd.3, H.3, 1867,pp.182-186.

3. 杜林理论观点对德国无产阶级及其政党的影响

在 19 世纪的德国，随着资本主义经济的增长，德国资产阶级的势力日益增强。与此同时，工人阶级同资产阶级和封建贵族之间的矛盾也在日益加深，加之巴黎公社失败后，马克思主义关于无产阶级革命和无产阶级专政的学说得到了丰富与发展，马克思主义被广泛传播，无产阶级队伍逐渐壮大，工人运动也随之高涨。然而，德国工人运动组织和人们的思想并没有达成统一，而是形成了两个对立的党派。一个是 1869 年在爱森纳赫城建立的以倍倍尔和李卜克内西为首的德国社会民主工党（即爱森纳赫派），它接受马克思主义理论的指导，但在理论和实践上尚不成熟；另一个是拉萨尔在 1863 年建立的全德工人联合会（即拉萨尔派），这是一个机会主义的、反马克思主义的派别。

拉萨尔（1825—1864），
德国工人运动活动家

德国统治阶级与无产阶级之间的矛盾日益加深，为了应对这两个党派对当时统治阶级利益所产生的威胁，俾斯麦反动政府不断攻击和迫害工人阶级及其政党，除了通过暴力手段镇压无产阶级的革命运动，还企图收买工人阶级中的贵族，在组织方面分裂无产阶级政党，瓦解无产阶级的革命意志，使其自相残杀。除此之外，德国资产阶级也积极支持俾斯麦的反动政策。在这种情况下，德国无产阶级迫切要求克服分裂的现状，实现统一，联合起来集中力量对抗共同的敌人。执行机会主义路线的全德工人联合会当时也处于接连碰壁的境地，无奈之下也同意合并。于是，在 1875 年 5 月的哥达合并代表大会上，两党派实现了合并，成立了德国社会主义工人党。

然而，急于建立形式上统一的政党的德国社会民主工党不顾马克思和恩格斯的一再劝告，没有与全德工人联合会划清界限，而是一味妥协和让步，这直接导致了在通过纲领时，全德工人联合会的机会主义观点得以保留，党的思想理论水平大大降低。为此，马克思于 1875 年抱病写下了《哥达纲领批判》这部伟大著作，以此表示其同机会主义的反动纲领势不两立。

但是，为了保护才成立的德国社会主义工人党，马克思并未公开发表这一著作。德国社会民主工党无原则的妥协所带来的结果是，全德工人联合会的机会主义观点在党内传播开来，马克思主义的思想和机会主义甚至产生了混淆。大批的资产阶级和小资产阶级分子趁机混入党内，机会主义者也变得更加猖獗，反马克思主义思潮开始泛滥。杜林正是在这种党内思想混乱的时候，对马克思主义发起了攻击。马克思在 1877 年 10 月 19 日致弗里德里希·阿道夫·左尔格的一封信中这样说道："在德国，我们党内流行着一种腐败的风气，在群众中有，在领导人（上等阶级出

身的分子和'工人')中尤为强烈。同拉萨尔分子的
妥协已经导致同其他不彻底分子的妥协：在柏林（通
过莫斯特）同杜林及其'崇拜者'妥协，此外，也同
一帮不成熟的大学生和过分聪明的博士妥协，这些人
想使社会主义有一个'更高的、理想的'转变，就是
说，想用关于正义、自由、平等和博爱的女神的现代
神话来代替它的唯物主义的基础（这种基础要求人们
在运用它以前进行认真的、客观的研究）。"[1]

　　19世纪70年代中期，杜林陆续出版了《国民经
济学及社会主义批判史》《国民经济学及社会经济学
教程》《哲学教程》三部著作，构建其思想体系，并
以理论权威和社会主义改革者的身份与挑衅口气将马
克思主义设为假想敌。杜林表面上对马克思主义有所
继承，实则却以极富煽动性的语言散布形而上学、唯
心主义、庸俗政治经济学观点和小资产阶级社会主义
思想，反对辩证唯物论和历史唯物论，诋毁马克思的
剩余价值理论和科学社会主义。他主张对资本主义的
改良，对马克思主义学说进行各种曲解和攻击，对抗
科学社会主义。这一系列错误的理论观点打着"社会
主义"和"伟大的科学发现"的招牌，并以"现实哲学"
和"严格科学"的面貌示人，无论是对德国工人运动
还是德国社会民主党都产生了巨大且有害的影响。

1　《马克思恩格斯文集》第10卷，人民出版社2009年版，第420页。

　　早在 19 世纪 70 年代前《条陈》事件发生时，杜林就在德国社会民主工党内产生了不小的影响。当时，杜林为讨好俾斯麦政府撰写关于工人运动的《条陈》，为俾斯麦破坏工人运动出谋划策，最后却因版权等问题与俾斯麦的顾问瓦盖纳发生了矛盾。在整个事件过程中，许多社会主义者都误以为杜林是工人阶级的代表。在 19 世纪 70 年代中期杜林的《国民经济学及社会主义批判史》《国民经济学及社会经济学教程》《哲学教程》三本著作出版以后，他骗取德国工人运动中多位领袖的支持和信任，他们被杜林的"社会主义"言辞蛊惑，表示出对杜林的认同和赞扬，于是在德国社会民主党内，从党的领导人到普通党员，到处遍布着杜林的支持者和保护者。

　　杜林在人们的追捧中拉帮结派，形成了一个机会主义的宗派集团。其中，伯恩施坦、约翰·莫斯特、阿·恩斯特、弗里茨舍都是党内有名的机会主义分子，也是极其有影响力的人物。他们不但极力拥护杜林及其著作，称之为"划时代的著作"，还千方百计地迫使党报发表吹捧杜林的文章，并转载杜林歪曲马克思学说的著作，从而便于广泛地在工人群众中散布杜林的错误言论。

　　伯恩施坦认为，《共产党宣言》中充斥着一些过时的、仅是概括性的论断，这些论断已无法满足当时社会主义运动发展的需求。他被杜林《国民经济学及社会经济学教程》中的实用主义和实证主义吸引，认为杜林很好地总结了社会主义运动的基本思想和目的，"用比马克思的著作易懂得多的语言与形式来叙述社会主义"，还促进了社会主义在德国的传播，具有重大意义。他指出，虽然杜林和马克思在理论上存在分歧，但并不能说明杜林或马克思的思想是错误的，反而可以同时并存，甚至称赞杜林用"任何人所不及的科学的激进主义补充了马克思，也可以说继续了马克思……社会主义运动的范围非常广泛，完全可以同时容纳下一个马克思和一个杜林"[1]。他还向德国社会民主党内其他领导人传播杜林的学说，包括奥古斯特·倍倍尔、约翰·莫斯特等。

爱德华·伯恩施坦（1850—1932），德国社会民主党成员，改良社会主义的代表人物

约翰·莫斯特称杜林是他的老师，他在《柏林自由新闻报》上以《一位哲学家》为题，称赞杜林是一位卓越的思想家，吹捧杜林《哲学教程》的出现是"书坛上一个极不寻常的事件"[2]；另外，他还在《社会问题的解决》中公开表明自己深受杜林理论的影响，表示是杜林为他指明了方向。恩斯特在 1875 年

1　中共中央马克思恩格斯列宁斯大林著作编译局国际共运史研究室编：《研究〈反杜林论〉参考史料》，生活·读书·新知三联书店 1980 年版，第 2—4 页。
2　中共中央马克思恩格斯列宁斯大林著作编译局国际共运史研究室编：《研究〈反杜林论〉参考史料》，生活·读书·新知三联书店 1980 年版，第 98 页。

所写的文章中赞颂杜林是"在科学的领域中，我们最热心的、最坚强的和最勤奋的先驱"[1]，说杜林的《哲学教程》是"一部具有不同寻常的明确性和透彻性的著作，它所包含内容之广和激进之程度，令人难以想象"[2]。

倍倍尔和李卜克内西等人也受到了杜林学说的迷惑，对杜林所宣扬的"社会主义"理论深信不疑。倍倍尔还于1874年在德国社会民主工党的机关刊物《人民国家报》上匿名发表了两篇赞颂杜林的文章，他写道："他的基本观点是出色的，我们完全赞同。因此，我们毫不犹豫地宣布：继马克思的《资本论》之后，杜林的最新著作属于经济学领域最近出现的优秀著作之列。"[3]李卜克内西是当时该报的编辑，不仅支持这些吹捧杜林思想文章的发表，为倍倍尔的文章进行辩护，还对马克思和恩格斯的抗议发出质问："你是否有根据认为，此人是个无赖或暗藏的敌人呢？我了

奥古斯特·倍倍尔（1840—1913），德国社会主义者，德国社会民主党创始人之一，该党最有影响和最受欢迎的领导人之一，西欧社会党历史上最受欢迎的杰出人物之一

---

1 中共中央马克思恩格斯列宁斯大林著作编译局国际共运史研究室编：《研究〈反杜林论〉参考史料》，生活·读书·新知三联书店1980年版，第43页。

2 中共中央马克思恩格斯列宁斯大林著作编译局国际共运史研究室编：《研究〈反杜林论〉参考史料》，生活·读书·新知三联书店1980年版，第43页。

3 中共中央马克思恩格斯列宁斯大林著作编译局国际共运史研究室编：《研究〈反杜林论〉参考史料》，生活·读书·新知三联书店1980年版，第345页。

解到的关于他的情况使我深信，他虽然有些糊涂，但十分诚实，并且坚决站在我们这一边。"[1]
倍倍尔在后来所著的《我的一生》中回忆道："杜林做到了使柏林运动领导人几乎全体都赞成他的学说。"[2]

威廉·李卜克内西（1826—1900），德国和国际工人运动活动家，德国《前进报》主编

就这样，在杜林分子的兜售下，在德国社会民主党领导人的准许下，杜林的错误思想深受德国社会主义工人党中工人们的热烈追捧。它不仅引起了工人们的共鸣，甚至成为社会主义运动的指南和纲领，这使正统的马克思主义思想受到了强烈的冲击。当时的马克思和恩格斯正忙于写作，还没有来得及关注德国社会主义工人党内的混乱状况，而德国社会主义工人党的领袖中，也没有人精通马克思主义理论，工人们的思想尚且混乱不清，知识层面的匮乏使他们迫切地需要一种通俗易懂的理论来信仰和指导实践。恩格斯在 1875 年 10 月写给倍倍尔的信中谈到了杜林等人的错误观点给德国工人运动造成的恶劣影响："这些人在经济学上的错误、各种荒谬观点以及对社会主义文献的一无所知，都是彻底摧毁到现在为止德国运

1　中共中央马克思恩格斯列宁斯大林著作编译局国际共运史研究室编：《研究〈反杜林论〉参考史料》，生活·读书·新知三联书店 1980 年版，第 346 页。
2　奥古斯特·倍倍尔：《我的一生》第 2 卷，薄芝宇译，李稼年校，生活·读书·新知三联书店 1965 年版，第 317 页。

动在理论方面的优势的有效手段。"[1]杜林的错误学说正是看到了可乘之机,才成为身处迷茫中的德国无产阶级的选择。

4. 批判杜林错误观点的必要性与紧迫性

实际上,马克思和恩格斯早在 1867 年就开始关注杜林的言论。当时,杜林在《现代知识补充材料》杂志第 3 卷第 3 期上发表了对《资本论》第一卷的评论,马克思和恩格斯注意到杜林的荒谬言论,将杜林形容为"一个往常极为傲慢无礼的家伙,他俨然以政治经济学中的革命者自居……他是由于憎恨罗雪尔等人才来评论我的书的",并将其内容形容为"异常尴尬的语调"。[2]

当时杜林的言论并不为大多数人所熟知,也尚未产生像之后那样令人意想不到的巨大影响。此时的马克思和恩格斯正各自忙于自己所关注的理论体系的构建,并不打算耗费太多精力展开对杜林的公开批判。不过,在马克思和恩格斯 1868 年初写的书信中仍然可以看出他们对杜林观点所持有的批判态度。

19 世纪 70 年代中期,杜林连续出版《国民经济

1　《马克思恩格斯文集》第 10 卷,人民出版社 2009 年版,第 408 页。
2　参见《马克思恩格斯文集》第 10 卷,人民出版社 2009 年版,第 280 页。

学及社会主义批判史》《国民经济学及社会经济学教程》《哲学教程》三部著作，宣扬一系列错误理论，持续对马克思主义三个组成部分即马克思主义政治经济学、马克思主义哲学以及科学社会主义发动全面进攻，企图以自己的学说取代马克思主义，宣称要在哲学、政治经济学和社会主义学说中实现全面变革。随之，一场"杜林瘟疫"在党内及社会上迅速蔓延开来。

中国国家博物馆内的
马克思恩格斯雕像

杜林自诩为一名政治激进主义者和当代的理论权威，甚至说自己精通多门科学，是一切时代最伟大的天才，掌握了永恒真理。然而实际上，他只是一个傲慢自大、知识浅薄的江湖骗子。但他的语言通俗易懂，煽动性极强，得到了被他的言辞蒙蔽双眼的德国大学生们的认可和追随。同时，杜林赢得了德国社会民主党内的好感，并造成了巨大影响。伯恩施坦、莫斯特、恩斯特、弗里茨舍、瓦尔泰西等人一度受杜林的影响，为杜林提供各种便利条件，德国社会民主党的领导人和党员中也有大批杜林的拥护者。

更重要的是，杜林理论的泛滥导致党在理论上、思想上和组织上形成了空前严重的混乱局面。杜林对马克思主义的攻击，并不只是单纯在理论层面与马克思主义的分歧，其实质是企图分裂刚刚统一起来的德

国社会主义工人党，争夺德国工人阶级领导权。这对
德国社会主义工人党的团结统一是很大的威胁，甚至
可能会使党误入资本主义道路。当时的德国工人阶级
处于国际无产阶级斗争的前沿，备受瞩目，而党到底
应该按照马克思主义的指引前进，还是将杜林的思想
作为指导思想，既关系着德国社会民主党的前途命运，
也会在整个国际共产主义运动中产生巨大的影响。

因此，为了回击杜林这个小资产阶级社会主义者
对马克思主义的挑衅和诋毁，捍卫科学社会主义纲领
和马克思主义的纯洁性，"为了不在如此年轻的、不
久前才最终统一起来的党内造成派别分裂和混乱局面
的新的可能"[1]，而是沿着正确的轨道团结统一地前
进，以保证德国工人运动和整个国际共产主义运动的
推进，坚决不能允许杜林的错误思想继续泛滥下去，
必须及时拆穿杜林主义的反动面目，立即展开对杜林
错误观点的批驳。

德国社会民主党领导人李卜克内西在认识到杜林
的谬论及其宗派集团对党的危害后，于 1875 年 2 月
1 日和 4 月 21 日致信恩格斯，向他提出反击杜林的
建议；1875 年 10 月和 1876 年 5 月，李卜克内西又把
《人民国家报》拒绝发表的恩斯特和莫斯特吹捧杜林
的文章寄给了恩格斯。

1　《马克思恩格斯文集》第 9 卷，人民出版社 2009 年版，第 7 页。

1876 年初，恩格斯在《人民国家报》上发表了《德意志帝国国会中的普鲁士烧酒》一文，公开批判杜林的言论，讽刺其为"社会主义最时髦的信徒以及复兴者"[1]。当时，马克思正在集中精力写作《资本论》第二卷，因此恩格斯承担了此次回击的任务。恩格斯在后来的著作中写道，"由于马克思和我之间有分工，我的任务就是要在定期报刊上，因而特别是在同敌对见解的斗争中，发表我们的见解，以便让马克思有时间去写作他那部伟大的基本著作"[2]。1876 年 5 月 24 日，恩格斯在给马克思的信中写道："试问，难道不是认真考虑我们对待这些先生的态度的时候了吗。"[3]他表示对杜林及其宗派集团进行批判不仅十分必要而且应当马上进行，马克思于次日立即回信表示坚决赞成。恩格斯在 5 月 28 日给马克思的信中阐述了他的计划："开始时我将纯粹就事论事地、看起来很认真地对待这些胡说，随着对他的荒谬性和平庸性这两个方面的揭露越来越深入，批判就变得越来越尖锐，最后给他一顿密如冰雹的打击。这样一来，莫斯特及其

《人民国家报》海报。《人民国家报》是德国社会民主工党（爱森纳赫派）的中央机关报，于 1869 年 10 月 2 日至 1876 年 9 月 29 日在莱比锡出版，是 19 世纪 70 年代德国与国际共产主义运动最优秀的报刊之一，由威廉·李卜克内西担任主编，奥古斯特·倍倍尔担任出版社主持人

1　《马克思恩格斯全集》第 19 卷，人民出版社 1963 年版，第 51 页。
2　《马克思恩格斯文集》第 3 卷，人民出版社 2009 年版，第 242 页。
3　《马克思恩格斯全集》第 34 卷，人民出版社 1972 年版，第 14 页。

1891年奥地利艺术家亨利希·肖伊作的恩格斯版画肖像

同伙就没有借口说什么'冷酷无情'等等了，而杜林则受到了应得的惩罚。要让这些先生们看到，我们用来对付这种人的不只是一种办法。"[1]

在李卜克内西和马克思的支持下，恩格斯暂时中断了从事多年的自然辩证法研究工作，于1876年9月至1878年6月写下了一系列批驳杜林观点以及阐述马克思主义观点的文章，陆续发表在德国社会主义工人党机关报《前进报》上，并于1878年7月以《欧根·杜林先生在科学中实行的变革。哲学·政治经济学·社会主义》的书名出版了单行本。《反杜林论》的写作和出版意义非凡，它及时批判了杜林的错误观点，同时也借机广泛传播和普及科学社会主义；捍卫了马克思主义对德国社会民主党的科学理论指导地位，保证了当时的社会主义革命能够在科学理论的指导之下进行。

《反杜林论》第一次详细而透彻地从多方面阐明了马克思主义理论，总结了马克思主义诞生后无产阶级革命的经验和自然科学发展的成就，被称为"马克思主义的百科全书"。恩格斯表示，"我的对手的包罗万象的体系，使我有机会在同他争论时用一种比以

1　《马克思恩格斯文集》第10卷，人民出版社2009年版，第415页。

往更连贯的形式，阐明马克思和我对这些形形色色的问题的见解"[1]。

可以看出，在《反杜林论》之前，马克思和恩格斯从未系统而全面地论述过马克思主义理论的体系和内容，总是以否定性的"论战"著作告诉人们马克思主义"不是什么"，却并未说明马克思主义到底"是什么"。这些没有对马克思主义进行明确阐述和界定的著作根本不能被当时认知水平较低的工人群众理解，甚至党内的领导人和许多有影响力的人物也不能正确地认识马克思主义，这就给一些错误思潮以传播和扩散的可乘之机。杜林正是利用这一时机，在糊里糊涂的人们中间狂妄地对马克思主义发起攻击。

恩格斯《反杜林论》

1　《马克思恩格斯文集》第3卷，人民出版社2009年版，第500页。

三、对杜林体系的全面清算
与彻底批判

欧洲工人运动在巴黎公社运动失败后失去了激进的革命色彩。随着普选制在欧洲各国的推行，一些工人政党的领导人认为，可以通过资产阶级的民主制度使工人阶级的政党掌握政权，逐渐放弃了暴力革命的想法。这种放弃革命、对资产阶级充满幻想、企图在资产阶级统治制度的框架内获得政权的思想和路线上的倾向被称为机会主义。随着机会主义在拉萨尔派中发展起来，各种各样关于社会主义的理论也应运而生，杜林的理论就是其中的一个代表。社会民主党内的许多领导人对杜林的理论很感兴趣，比如伯恩施坦、倍倍尔等。杜林的理论在社会民主党内大肆传播，给马克思和恩格斯的科学社会主义路线带来了不小的麻烦。马克思恩格斯不愿看到机会主义将工人运动引向歧途，于是决定清算这种理论。

由于杜林宣称他在"哲学、政治经济学和社会主义中已实行了全面的变革"[1]，恩格斯感到有必要回顾一下杜林以前的社会主义和哲学的思想境况。

在概论中，恩格斯首先谈到现代社会主义的诞生。恩格斯认为，现代社会主义的思想资源很大程度上来自启蒙运动所提出的那些原则。启蒙运动的学者们尊崇"理性"，一切都要经过"理性的法庭"的审视，追逐自由、平等、博爱的价值。

启蒙的理想具有普遍性，平等、自由、博爱是资产阶级和无产阶级的共同理想。资产阶级利用理性王国来反对封建贵族，无产阶级运动在资产阶级反对封建贵族的革命中早已存在，他们有自己的政治和社会地位的诉求。圣西门、傅立叶和欧文是空想社会主义的三个代表人物，恩格斯指明了空想社会主义者的社会主义理论不能成功的根源：就如同英国和法国的社会主义者们一样，他们把社会主义当作绝对真理来看待，它的实现就需要一个天才式的人物将它发现，充满了偶然性的因素，受到主观因素的影响极大。因而，没有现实作为根据的社会主义理论，只能陷入无休无止的争吵中去。

之后，恩格斯将关注重点转到哲学上来。他分析了辩证法和形而上学这两种截然相反的认识方式，认为形而上学是孤立的、片面的、固定的、僵硬的思维

1　《马克思恩格斯文集》第9卷，人民出版社2009年版，第30页。

方式，只能看到静止，看不到运动，"只见树木，不见森林"[1]。或许，在一定的界限之内，形而上学有一定的道理，然而超过这个界限，就会"陷入无法解决的矛盾"。而辩证法则不同，辩证法在考察事物时，是从它们的联系、运动和变化的方面入手的。他赞赏黑格尔对辩证法的重新发现，然而，恩格斯认为不应该像黑格尔一样当一个头足倒置的唯心主义者。要坚持唯物主义，不是那种形而上学的机械唯物主义，而是辩证的唯物主义，现代的唯物主义！现代唯物主义不仅是自然观上的，而且是历史观上的。

恩格斯批判唯心主义的历史观"不知道任何基于物质利益的阶级斗争，而且根本不知道任何物质利益；生产和一切经济关系，在它那里只是被当做'文化史'的从属因素顺便提一下"[2]。而事实是："以往的全部历史，都是阶级斗争的历史；这些互相斗争的社会阶级在任何时候都是生产关系和交换关系的产物，一句话，都是自己时代的经济关系的产物；因而每一时代的社会经济结构形成现实基础，每一个历史时期由法律设施和政治设施以及宗教的、哲学的和其他的观念形成所构成的全部上层建筑，归根到底都应由这个基础来说明。"[3]

1　《马克思恩格斯文集》第9卷，人民出版社2009年版，第24页。
2　《马克思恩格斯文集》第9卷，人民出版社2009年版，第29页。
3　《马克思恩格斯文集》第9卷，人民出版社2009年版，第29页。

以往的社会主义的思维方式是形而上学思维方式的代表，是历史观上的唯心主义，无法说明资本主义的生产方式。这正是空想社会主义不可能成功的原因。而正是由于历史唯物主义的发现，使得一种新的科学的社会主义能够建立在这个基础之上。而马克思便是以此为基础去分析资本主义的生产方式，敏锐地发现了剩余价值理论，最终证明资本主义必将灭亡，社会主义必将来临的。恩格斯认为，社会主义在马克思这里可以说是科学了。可以说，唯物主义和政治经济学中的剩余价值理论是科学社会主义的理论保障，是科学社会主义必将成功的理论基石。

交代了社会主义只有在马克思这里才成为科学后，恩格斯将批判的矛头转向杜林，给我们展示了杜林的"诺言"。

杜林对他以前的哲学家不屑一顾。在他看来，莱布尼茨"缺乏任何良好信念"，费希特和谢林的学说是"既轻率又无聊的蠢话"，黑格尔喜欢说"热昏的胡话"，只有康德"还被勉强容忍"，空想社会主义者被称作"社会炼金术士"，圣西门"过分夸张"，傅立叶精神错乱，欧文的思想观念一无是处，拉萨尔学究气过重，马克思观点狭隘、条理不清、语言下流，等等。[1]

戈特弗里德·威廉·莱布尼茨(1646—1716)，德国哲学家、数学家

---

[1]　参见《马克思恩格斯文集》第9卷，人民出版社2009年版，第33—35页。

伊曼努尔·康德
（1724—1804），德
国哲学家，德国古典
唯心主义的创始人

约翰·戈特利
布·费希特（1762—
1814），德国唯心主
义哲学家

这些哲学家和社会主义者在杜林看来一文不值，只有他自己的哲学是排除了个人局限的绝对真理，也只有他本人是可以预见未来的"唯一真正的哲学家"，他在《国民经济学及社会经济学教程》中描述的社会主义是真正代替幻想的可以实现的社会主义，哲学所预示的真理与杜林式社会主义必然实现相呼应。

恩格斯认为，既然杜林自诩只有他的哲学是真正的哲学，只有他的社会主义才是真正的社会主义，那么就从杜林最得意的地方出发去反驳它。所以，恩格斯对应着杜林的《哲学教程》《国民经济学及社会经济学教程》《国民经济学及社会主义批判史》，分三部分即哲学、政治经济学和社会主义对杜林展开了批判。

1. 哲学批判

（1）先验主义唯心论

杜林将哲学研究的对象分成两个：自然界和人类世界。对这两个对象的研究可以分成三部分：一般的世界模式论、关于自然原则的学说、关于人的学说。而哲学要把握的是应用于这两个世界的形式的"原则"，原则在先，世界在后，世界从属于原则、适应原则。

恩格斯一针见血地指出杜林哲学先验主义的实质。他认为，杜林所言的原则，其实是思维从外部世界抽象地获得的，只能后于外部世界，应当是原则适应世界，而不是世界适应原则。杜林这种对原则的理解，类似于在世界之前先有概念和范畴，然后由它们来构造世界，这是黑格尔式的先验主义、唯心主义，不仅是对黑格尔的模仿，也是对现实的本末倒置。

不仅如此，杜林对于哲学的三部分划分——一般的世界模式论、关于自然原则的学说和关于人的学说，也是对黑格尔《哲学全书》结构的模仿。一般的世界模式论对应着《逻辑学》，关于自然原则的学说对应着《自然哲学》，关于人的学说对应着《精神哲学》。之前杜林对黑格尔那样不屑，现在又成了他的忠实粉丝，真让人唏嘘。

《哲学科学全书纲要》，黑格尔生前分别于 1817 年、1827年、1830 年三次出版这部著作

指出杜林与黑格尔的观点相似后，恩格斯点出了杜林先验唯心主义哲学的意图。假如采取一种经验主义的态度去认识这个世界，认为思维或者杜林所说的

"原则"来自现实世界，那么，还值得继续存在下去的学科就不是哲学，而是实证科学。而科学认识的有限性和世界的无限性之间的矛盾会成为推动科学不断发展的动力。为了"哲学"留下的需要，唯心主义先验论热衷于从思维出发去构建体系，而这个构建起来的体系却往往受到历史的限制而不断显示出局限性。

接下来，恩格斯为了说明思维只能从现实世界得出的唯物主义观点，不留死角地对杜林展开清算。恩格斯认为，不仅事物实体的思维来自现实，就连数学的对象这样极度抽象的内容也来自现实世界。他和杜林都同意：纯粹数学可以脱离个人的特殊经验而独立。然而恩格斯指出，数学不是像杜林说的那样是理性思考自身的产物，数和形的概念都来自现实世界。我们计数和认识形状时，不能跨过计数的手指和事物的形状这一步。数学的产生都是来自丈量土地和计算时间的经验，不能因为它们的抽象性就忽视它们起源于外部世界这一事实。

（2）世界模式论——黑格尔的仿造品

在世界模式论中，恩格斯将杜林哲学如何模仿黑格尔《逻辑学》一一列出。杜林也像黑格尔一样从存在开始讲起，认为"包罗万象的存在是唯一的"，恩格斯认为杜林的这个所谓"公理"实则只是同义反复。

接着杜林从存在的唯一性转向了存在的统一性。杜林认为，思维的本质"在于把意识的要素联合为一个统一体"[1]。存在作为思维的对象，受到思维的这种统一性的影响，也呈现为一个统一体。唯一的存在成了统一的存在。恩格斯从两个方面反驳了这一论证的过程：首先，思维确实有一个综合统一的能力，可它同样也能做到分析，把对象分解为若干要素。其次，综合统一的过程不是凭空产生的，必须有现实的原型。两个毫不相干的东西被综合统一在一起只能是荒谬的，即存在的统一性需要被证明，像杜林这样的过渡只能流于草率。

　　杜林为何不惜用这样草率甚至是错误的论证也执意要说明存在的统一性呢？恩格斯敏锐意识到杜林的意图：如果存在是统一的，那么现实世界就会是统一的，因此不存在"彼岸世界"，也没有上帝。杜林的思路是："我从存在开始。因此我思考着存在。关于存在的思想是统一的。但是思维和存在必须互相协调，互相适应，'互相一致'。因此，在现实中存在也是统一的。因此，任何'彼岸性'都是不存在的。"[2] 恩格斯指出，杜林的论证借鉴了一个前提，这个前提来自黑格尔，也就是思维和存在有同一性。这个前提支撑了存在从思维中的统一性过渡到现实中的统一性。即使这个前提成立，恩格斯仍旧认为，从现实世

1　《马克思恩格斯文集》第9卷，人民出版社2009年版，第44页。
2　《马克思恩格斯文集》第9卷，人民出版社2009年版，第46页。

界的统一性出发去证明彼岸世界不存在也并不完全成立。他借鉴了唯灵论者的观点：首先，世界的统一性并不影响人们用彼岸和此岸的观点去理解它；其次，此岸和彼岸可以统一于上帝之中，全部的存在可以统一于上帝之中。恩格斯认为，杜林从存在的概念出发去证明上帝不存在就像从上帝的概念出发去证明上帝存在一样荒谬。存在的概念包含了统一性，如果没有统一性，它就不能称作存在，不能和自身相适应，因而，存在一定是统一的，那么现实的世界是统一的，上帝不存在。

恩格斯认为，只有世界是存在的，它才有可能是统一的，这一点是没有问题的。存在是统一性的前提。然而，世界的统一性，并不来自思维中的统一性而来自现实中的统一性。他用唯物主义的信念告诉我们，世界的统一性在于它的物质性。

如果说以上这些内容中还有一点杜林自己的意图和原创，那接下来的内容完全就是照搬黑格尔的思想了。恩格斯在这一节的后半部分给我们一一展示了杜林是怎样从"存在""虚无"讲到"变易"，然后谈到质变，讲到量和度的。杜林对黑格尔的轻蔑评价和他对黑格尔学说的抄袭并行不悖。然而，杜林的抄袭并没有得到黑格尔哲学的精华，只是一种对黑格尔"序列"的形式上的模仿。在黑格尔那里叫作本质论的地方，在杜林这里被称为"存在的逻辑特性"；黑格尔

在本质论里提出了辩证法中十分重要的内容即矛盾，
而杜林却不承认矛盾的存在。

　　恩格斯最后对于杜林的评价辛辣而形象："在笼
子里谈哲学"。这句话本是杜林自己说的，他认为自
己"不是从笼子里谈哲学"。恩格斯看到他这种不知
羞耻的话后干脆说道，那杜林就是"在笼子里谈哲学"，
这个"笼子"就是黑格尔的《逻辑学》。

　　（3）自然哲学——形而上学的自然观

　　在恩格斯看来，杜林的自然观展示出他形而上学
的一面。他从杜林对时间和空间的理解开始一步步揭
露杜林的理论实质。

　　要讨论时间和空间，第一个
问题就是关于时空的有限性和无
限性。杜林利用黑格尔的"恶的
无限性"的概念，认为无限性应
该是没有矛盾的状态。于是，他
以无限数列做了一个比喻。无限
数列有两种，一种是有首项的无
限数列，一种是没有首项的无限数列。没有首项的无
限数列有一个矛盾——"可以计数的无限数列"。一
个没有开端的世界也存在这个矛盾，而这是无法想象
的，世界应该是一个有首项的数列，一切的因果链条
都应该有一个开端，有一个终极原因。他发明了一个
所谓"定数律"，把这个开端之前的世界说成是一种

康德三大批判的第一部《纯粹理性批判》，1781年出版

世界的自身等同的没有矛盾的状态。既然世界有一个
因果链条的终极原因，那也就是说世界在时间上有开
端，在空间上也应该有界限。为了证明这两点，杜林
还逐字逐句从康德的《纯粹理性批判》里抄袭二律背
反中的内容，即世界在时间上有开端，在空间上也是
有界限的。滑稽的是，他觉得正题的论证是有效的，
所以只抄袭了二律背反的正题，对于反题却不管不顾、
装聋作哑。

　　恩格斯指出杜林的论证是赤裸裸的抄袭之后，接
着对他以无限数列做比喻的方式表示不满。时间与数
列不同，把时间比作一个有首项的数列进而证明时间
有开端，恰恰是把需要证明的结果当成了前提。而且，
"定数律"所言的那个与自身等同的状态，恰好就是
杜林本人所言的没有首项的无限序列，那么，这就恰
好回到了杜林本人最不愿面对的矛盾——可以计算的
无限序列。所以，恩格斯认为，利用数列去说明现实
是不恰当的，有开端无终点的无限性和有终点无开端
的无限性都是无限。而真正现实的无限性，本身就是
充满矛盾的，其正是因为矛盾，才能够成为无限。排
除了矛盾的现实世界，无限性也就被终结了。由于杜
林持形而上学的自然观，他不可能正确理解这个现实
世界。

　　接着，恩格斯又对"自身等同的状态"进行了质
疑。首先，他认为杜林的这个观点必须面对时间之外

的"时间"如何解释的问题，而杜林的解释混乱不堪。其次，一个绝不发生任何变化的"自身等同的状态"是怎么摆脱这种状态进而打开这个世界的呢？换句话说，"第一次推动"从何而来呢？莱布尼茨的"连续性"的桥梁不可用，而力学又解决不了这个问题。恩格斯认为，事实上，杜林只有重新把上帝请出来才有可能说明运动变化。可是这样，杜林之前极力去论证现实的统一性、去排除上帝的做法又是为了什么呢？

对于这个世界产生的过程，杜林用物质和机械力的关系来解释，当物质和机械力统一时，世界就处在原始的自身同一的绝对状态，当物质和机械力分离时，这种状态就被打破了，世界就开始发生变化。在恩格斯看来，这首先是为了方便而套用黑格尔的自在与自为概念。其次，杜林对物质和运动的关系的理解是错误的，运动是物质的存在方式，没有不运动的物质，也没有无物质的运动。杜林把物质和机械力统一的那种静止的原始状态当作是绝对的，而把运动只当作一种分离后的暂时状态。恩格斯认为这完全是一种形而上学的理解，只有坚持运动的绝对性与静止的相对性才能正确理解物质和运动的关系。

恩格斯还指出，当杜林沿着黑格尔的思路，从无机界进入有机界时他对黑格尔的抄袭。恩格斯指出，杜林用黑格尔的目的性概念来说明生命的产生，整个自然界充满了它自身的"自觉的思维和行动"，自然

达 尔 文（1809—
1882），英国生物
学家，进化论的奠
基人

界的发展来自它自身内在的目的性。因此，杜
林反对达尔文的自然选择说。自然选择的理论
认为自然界的现有面貌是物种以及物种的个体
之间不断进行生存斗争的结果。所谓物竞天择、
适者生存，自然界没有自觉的意图。而这个理
论在根本上与目的论的自然观是不相容的。杜
林指责达尔文理论的马尔萨斯式的缺陷，认为生存斗
争在自然界不是普遍的，是兽性行为；而在自然选择
上，认为达尔文忽视个体变异。恩格斯认为，这是杜
林对达尔文的歪曲。生存斗争在达尔文那里不只在动
物界存在，在"每块草地、每块稻田、每片森林"之
中都存在，达尔文虽然没有说明个体变异的原因，却
推动后来的学者对这一问题继续进行探索。不仅如此，
杜林对达尔文的批判充满着自己的想象，经常杜撰一
个不是达尔文的观点去批判。他煞费苦心地批判达尔
文，只是因为达尔文的理论不承认一个有着自觉目的
的自然界。

　　指明杜林的意图后，恩格斯继续批评杜林对有机
体的一无所知。首先，杜林不懂细胞学说，不了解细
胞的结构和增殖方式。其次，杜林对生命的特殊理解，
与当时的生命科学严重脱节，甚至提出四种相互矛盾
的生命标志。再次，杜林错误地认为感觉是区分动物
和植物的标志，并认为感觉和神经相连。最后，杜林
对生命的一般理解，即生命就是新陈代谢，在恩格斯

看来是同义反复，相当于说"生命就是生命"。出于对近代生命科学的关注，恩格斯指出，生命是蛋白体的存在方式。这个定义方便日常运用。同时恩格斯也提醒我们，对生命的这一理解还不充分，生命的定义需要在科学研究中继续探究。

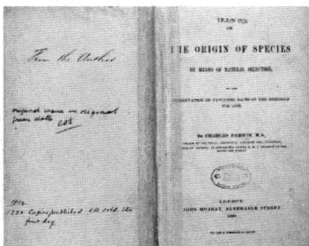

《物种起源》扉页，在该书中，达尔文系统阐释了进化论

（4）道德与法——先验唯心论的社会历史观

在谈论到道德与法时，杜林的思路是先说明存在永恒的终极真理，那么存在道德原则上的永恒真理就是可能的，于是他提出作为他自己的永恒真理的道德公理，如平等、自由等，并以此为基础构建哲学体系。

恩格斯在各个细节上对杜林的观点加以驳斥。他首先批判了杜林的真理观。恩格斯对杜林的真理观进行总结，即思维有至上性，可以获得绝对可靠性的认识，存在最后的终极真理。恩格斯认为，对于思维的至上性而言，如果是包含着过去、现在和未来的人类整体的思维，它确实有一种至上性，随着人类的延续达至认识真理的可能。可是，就像现在的认识纠正了很多过去存在的错误一样，现存的被认为是正确的认识将来也会被证明是谬误而被修正，真理和谬误在一定的条件下可以互相转化。人类思维的至上性将在每个不具有至上性的人中实现，绝对的真理在相对的真理中实现。对绝对真理的探寻只有在人类的永恒延续中才可能。在恩格斯看来，这是认识的有限性和无限性的矛盾。而杜林恰恰认为个人思维具有至上性，这是恩格斯坚决反对的。现存的真理已经达至绝对的说法，就如同"可以计数的无限数列"一样荒谬。

恩格斯承认，确实有一些所谓"永恒真理"，比如数学几何学中的公理、逻辑学的基本规律，还有一些分析命题。尽管如此，人类的整个知识体系之中，终极真理少之甚少。他给知识进行了分类，并证明无论是哪一类知识，终极的真理少之又少，就算是有，也只是一些类似"人都会死""二乘二等于四"这样的"陈词滥调"。遗憾的是，人们想要以上述那种"永恒真理"的存在，去证明在人类的历史领域也有"永恒真理、永恒道德、永恒正义"。这就是杜林的真实意图：试图声明之前人们所言的终极真理是错误的，他们都是骗子，只有杜林本人所言的永恒真理才是正确的。那为什么杜林先生就敢保证自己不是"骗子"呢？

接着恩格斯就把他"骗子"的假面揭示出来。恩格斯认为，没有什么永恒的道德原则，最明显的例子就是人们关于善恶的争论从来没有停止过。道德具有时代性和阶级性，不同的时代会发展出不同的道德，不同的阶级也有不同的道德观念。基督教有自己的道德，资产阶级有自己的道德，无产阶级也有自己的道德。在一个私有制的社会里，禁止偷盗可以作为一个道德原则，可是当私有制被废除，偷盗动机被消除，这个原则就不会再有了。不存在什么永恒的终极的道德原则，只有随着时代的经济状况而变更的道德。恩格斯不否认几千年来道德在进步，但他认为当时的道德始终是阶级的道德，而真正的人的道德只有在消灭了阶级对立的社会中才有可能出现。

恩格斯看到了杜林成为"骗子"的原因，即杜林对于道德与法的观点，体现了一种社会历史观上的先验主义唯心论。"这一方法是：不是从对象本身去认识某一对象的特性，而是从对象的概念中逻辑地推导出这些特性。首先，从对象构成对象的概念；然后颠倒过来，用对象的映象即概念去衡量对象。"[1]这时，就会产生使对象去适应概念的幻想。恩格斯批评他不是从现实的社会关系中去思考道德和法的原则，而是从现实的残余中，从自己的意识中去臆想构造。

杜林得出平等原则的过程就是这样。他不是从社会现实出发，而是主观地对社会进行机械的拆解，将社会简单地看作"两个人打交道"，接着就得出了两个人的意志完全平等这个所谓的"公理"。恩格斯极其辛辣地讽刺了杜林的这一平等公理。他觉得，如果一个最简单的社会不是由两个男人而是由一男一女组成，而他们又组建了家庭的话，那杜林所言的平等在家庭这种模式之中就找不到了。如果是两个男人的话，

1　《马克思恩格斯文集》第9卷，人民出版社2009年版，第101页。

恩格斯讥讽道，两个男人生不出小孩，这个简单的社会在一开始就要灭亡。恩格斯仍然没有打算放过杜林。他提到，事实上关于"两个人打交道"，并不是杜林的独创，整个18世纪的政治学家、经济学家都是从这个起点开始构造他们的政治和道德原则的。而且，许多人的第一个结论恰恰和杜林相反，两个人之间不是平等的。恩格斯指出，意志上完全平等的两个人，只有在摆脱一切现实关系和个人的特征之后才有可能存在，而这样的两个人除了概念什么都没有剩下。也就是说，这样的"人"充其量只是抽象的人，而不是现实的人。一旦他们从抽象的人成为现实的人，杜林所言的平等状态就不存在了。

当杜林要谈论不平等时，也确实只能突破这种抽象的状态。尽管如此，恩格斯还是反对他仅用暴力去解释平等状态的打破以及不正义的奴役状况的发生。恩格斯指出，卢梭早已说明过奴役不因暴力产生，而是以一方不能离开另一方的方式产生。尽管意志上完全平等这件事情被

让－雅克·卢梭（1712—1778），法国启蒙思想家、哲学家，启蒙运动代表人物之一

承认，但是两个人的关系也会由于个人素质上的差异而走向不平等。这个过程很有可能是自愿发生的，否则普鲁士的农民也不会在农奴制度取消之后请求继续当农奴。此外，就连杜林本人也承认两种意志不平等的状况，一是儿童"自我规定不足"的意志，二是带有兽性的人的意志。这恰巧说明两个人在意志上完全

平等是一句空话，因为人或多或少都会带有兽性。

批评完杜林之后，恩格斯从历史唯物主义的立场出发论述了平等在不同历史时期的阶级内涵。在原始公社时期，是公社成员的平等；在古希腊罗马，是公民的平等；基督教的平等是一切人在上帝之下原罪的平等；市民阶级壮大后，平等的要求以人权的形式出现；现在，无产阶级追求一种消灭阶级的平等。而在这一切的背后，是经济变革的激荡。因此，恩格斯认为，杜林所论述的平等观念只是18世纪思想的延续，绝不是什么永恒真理，而是历史的产物，它展现的"真理性"只是因为现在还与时代相符，终将随着历史而改变。

由于杜林想要把道德责任建立在意志自由之上，因此，恩格斯分析了杜林的自由观。恩格斯谈到杜林有两种自由观：一种是把自由理解为一种理性和非理性的合力；另一种是把自由理解为对自然规律所决定的自觉动机的感受。恩格斯重点对第二种自由观展开分析，揭示杜林又一次对黑格尔的粗略模仿和"极端庸俗化"。恩格斯认为，"自由不在于幻想中摆脱自然规律而独立，而在于认识这些规律，从而能够有计划地使自然规律为一定的目的服务"[1]。意志自由的表现，恰恰就是对事物规律的把握，对必然性的把握

1　《马克思恩格斯文集》第9卷，人民出版社2009年版，第120页。

越大，越能够做出精确的判断和选择；犹豫不决，做不出选择，就是把握不到必然性的表现，是不自由的、被对象支配的表现。这样的自由观，只能是社会历史性的，因为人们对必然性的认识不是一蹴而就的，必将不断突破历史和时代的限制而向前发展。而蔑视历史的杜林只能从形式上肤浅地抄袭黑格尔的自由是对必然性的认识，看不到其中的辩证法，最终获得的只是黑格尔的唯心主义缺陷，从而成为社会历史观上的唯心主义者。

（5）辩证法

在辩证法的部分，恩格斯对杜林的形而上学方法论进行了一次彻底的清算。

恩格斯首先谈到了杜林对矛盾的理解，即矛盾是一个范畴，只能归属于思想或逻辑，现实中的事物没有任何矛盾。恩格斯完全不同意杜林只把矛盾当成是逻辑上的悖理的观点。矛盾出现在现实的事物当中，这是毋庸置疑的。当我们把事物看作是静止的、互相独立的、没有联系的时，矛盾似乎并不存在，可这完全是形而上学的方式。一旦从运动变化的、有生命的、相互联系的方面去考察事物，矛盾就立马出现了，比如机械运动是事物一瞬间在一个地方又不在一个地方。杜林有过断言："在合理的力学中不存在介乎严格的静和动之间的桥"[1]。恩格斯认为，这样的断言，恰恰说明杜林无意间承认了"不可理解的运动"中矛盾的存在。不仅是运动，恩格斯还举了大量的事例说明现实中矛盾的存在。比如生命的成长，生物一瞬间是自身又不是自身；人的认识，从有限的认识达至无限的真理；数学中曲线和直线，相交和平行，根与幂，负的平方根。

　　接着是对质与量关系的讨论。恩格斯谈论到这个话题，是由于杜林对马克思的误解。杜林杜撰了一个观点，即"预付款项达到一定界限"就会由于量的增加转变为资本。他认为这个观点是马克思对质量互变这一错误混乱规律的运用。恩格斯首先说明，马克思并不认为每个货币都可以变为资本，只有满足了基本生活后剩余的货币才有可能变为资本。这一事实是对黑格尔质量互变规律的一次证实，而不是运用。其次，恩格斯指出杜林对于预付款的理解也有问题。最后，也是最重要的，质量互变并不是混乱错误的，它出现在现实事物变化过程的方方面面。恩格斯同样举了许多事例，比如：水的形态在温度的量变之下发生的改变；分工协作由于工人数量的积累带来生产力的质变；化学元素量的增加带来分子的质变；法国骑兵数量的增加给军队战斗力带来质的改变；等等。这些都

1　《马克思恩格斯文集》第9卷，人民出版社2009年版，第127页。

是杜林形而上学观念无法理解的事实。

最后，对否定之否定的重新认识。杜林同样对马克思有误解，他认为马克思的共产主义是"个人所有制"社会，只有利用黑格尔的否定之否定才能确立起必然性。也就是说，实现共产主义首先要否定16世纪以来的个人所有制，然后再次否定，在一个更高的形式上，也就是土地等生产资料公有的制度上，回到"个人所有制"？这样的共产主义充满混乱，让人无法理解。

首先，恩格斯澄清道，公有制是生产资料的公有，个人所有制是消费品的所有，并没有什么混乱。自由人联合体通过公共的生产资料进行劳动，生产出的产品一部分继续用作生产资料，另一部分由社会成员分配。其次，恩格斯指出，马克思得出未来社会的形式，是做了大量的历史和经济考察的结果，不是由否定之否定给予的必然性。马克思只是在得出了这个结论之后才提到它符合否定之否定规律。恩格斯认为，杜林之所以这样理解，是因为他把辩证法当作如同形式逻辑一样的证明工具。最后，恩格斯如同之前做的那样，列举了大量的事实，证明否定之否定在现实世界中真实地发生，反对它只是对宗教中原罪和救赎的类比的观点。恩格斯还反对形而上学家们对否定的错误理解，"否定不是简单地说不，或宣布某一事物不存在，或用随便一种方法把它毁掉"[1]，否定是扬弃，是既克服又保留。

总体而言，杜林的哲学是对黑格尔哲学的粗劣模仿，充满了黑格尔唯心主义的精神气质，却缺少辩证法的气息。可以看到，杜林的哲学完全是形而上学的，他不承认辩证法的三大规律，而恩格斯却向我们展示出辩证法规律的存在，早在人们知道它以前，它就已经在起作用了，不会因为某人不承认它，它就不存在。

2. 政治经济学批判

政治经济学是恩格斯批判杜林的第二个部分。在这一部分，恩格斯用了哲学部分的很多观点去批判杜林。

在"对象和方法"一章，恩格斯并没有直接给我们展示杜林的观点，他先是做了一些铺垫，给政治经济学下了一个定义："政治经济学，从最广的意义上说，是研究人类社会中支配物质生活资料的生产和交换的规律的科学。"[2]而且，生产和交换的条件具有社会历史性，因而政治经济学便具有社会历史性，它在本质上是"一门历史的科学"。随着生产和交换产

1　《马克思恩格斯文集》第9卷，人民出版社2009年版，第149页。
2　《马克思恩格斯文集》第9卷，人民出版社2009年版，第153页。

生的是产品的分配方式，分配方式在不同的社会历史时期存在显著的差别，它不是生产和交换的直接产物，往往不会随着生产和交换的变化而迅速变换，而且反过来影响着生产和交换。"一个社会的分配总是同这个社会的物质生存条件相联系，这如此合乎事理，以致经常在人民的本能上反映出来。"[1]当一种生产方式走向衰亡的时候，不平等的分配方式让吃亏的人愤怒。政治经济学的任务不是在这时诉诸义愤，而是要揭示生产的兴亡规律，说明现存生产方式的必然灭亡，找到可以替代的新的方式。

然而，恩格斯谈到上述广义政治经济学还没有出现，现存的政治经济学大多是研究资本主义的生产和交换以及产品分配的政治经济学。而真正科学地揭示了资本主义生产方式必将灭亡的只有马克思。马克思以前的经济学家，带有18世纪以及启蒙运动留下的时代精神，因此，他们的政治经济学错把自己时代的追求当作永恒的真理。杜林也是这样，在历史性的政治经济学中寻找永恒的终极的真理，而且，他的方法是从抽象的"两个男人"的设想出发，而不是从现实的生产和交换出发去研究社会的分配问题。

做了这些铺垫之后，恩格斯开始批判杜林的"暴力论"。恩格斯反对杜林把暴力当作奴役剥削的根源，

1　《马克思恩格斯文集》第9卷，人民出版社2009年版，第155页。

即两个男人中的一个通过暴力奴役另一个，让他屈服，让他通过劳动去服务自己，剥削就建立起来了。杜林的这种理论被恩格斯概括为"暴力论"。恩格斯认为，暴力只会保护剥削而不会引起剥削，只有通过经济途径实现的资本和雇佣劳动关系才会引起剥削。而杜林这样做有两个省力的"好处"：一是不需要说明真实存在的各种各样的分配方式的原因和差别；另一个是可以用道德和法的正义观点去描述经济领域的问题。恩格斯讽刺道，正义在杜林那里过不了多久就发生了变化，对于杜林来说都没有永恒性可言，还怎么指望它在经济学中发挥永恒真理的作用？杜林是基于意识而不是基于事实谈论分配方式，而以这种方式谈论的分配，就算是有对不正义的义愤，也不能给人以正义必将胜利的信心，因为它无法科学地说明新的生产方式一定会代替旧的生产方式，也无法为新的分配方式代替旧的分配方式找到正确的道路。杜林对于资本主义的生产方式造成的生产力和分配制度与它本身的剧烈矛盾一无所知，更对解决这个矛盾的方式和它所依靠的力量一无所知。

恩格斯分析了使得奴役成为可能的物质经济条件：奴隶的劳动工具、劳动对象和生活资料。此外，奴隶劳动成为主流，还得有生产和剩余财富的增长。他以当时的美国为例，指出有时因为经济上的原因，就像美国不种棉花的地方，奴隶制不需要暴力就能消失。从古至今的奴役以及私有制，没有一个是因为暴力建立起来的。

采棉花的黑奴

　　恩格斯认为这种"暴力论"反映了杜林"政治状态"决定"经济情况"的理论实质。而真正的状况恰恰相反，是经济状况的改变决定了政治状况的改变，历史上的政治变革，恰恰是在经济的不断发展中完成的，政治革命的产生，新的政治和法律之所以建立，也只是为了适应新的经济状况。当生产力发展到超过某一阶级得以建立统治基础的时候，它就会推动着这一阶级走向灭亡。用暴力去阻止这一切，只是徒劳。更何况，暴力所需要的武器，本身就是以物质资料的生产为基础的。暴力本身还是由经济情况来决定的，战争所需的物资和兵力，都是以生产为基础的。甚至，暴力就是为经济情况服务的，它不一定是绝对的坏事，可以用来摧毁旧世界。

　　接着，是对杜林价值论的批判。恩格斯谈到，杜林对价值有五种理解："来自自然界的生产价值""由

人的劣根性所创造的分配价值""由劳动时间计量的
价值""由再生产费用计量的价值""由工资计量的
价值"。在恩格斯看来，杜林的价值论充满了混乱，
存在不少抄袭马克思《资本论》的地方，这些抄袭的
观点还由于杜林理解上的偏差存在
很多错误。他时而承认附加价值，
时而又不承认，而在他承认的那个
地方，即关于地租和垄断价格，又
是被李嘉图－马克思价值论所清楚
明白地阐明了的，可是杜林又极力
反对马克思的价值论。

《资本论》第二卷
手稿

　　恩格斯认为，这种混乱的理解再加上将劳动时间
和生存时间混淆，使得杜林把商品价值最后就归结为
工资。通过分析工资和价值的关系，恩格斯证明了杜
林的观点是极其错误的。商品的价值是工人生产它所
付出的劳动时间，而工资是他所获得的生活资料的价
值。这二者完全不一样。如果真像杜林所言，商品的
价值是工资，那工人所得就是他生产的商品的全部价
值，剥削就不可能了，与此同时，工人所需生活资料
完全等于他所生产的商品，商品的剩余也不可能了。

　　恩格斯不仅认为杜林对价值的理解充满了混乱，
而且批判他不懂简单劳动和复杂劳动的区别。恩格斯
引用马克思的观点，认为商品的价值由包含在商品中
的社会必要劳动时间决定，在这一过程中劳动力的消

耗是以人的简单劳动力的消耗计算的。但人实际从事
的不仅是简单的劳动，还有复杂的劳动，后者在同一
时间可以生产出数倍于简单劳动的价值。而杜林只承
认一种完全等价的劳动时间。恩格斯指出，一个部门
内的两个劳动者在相同的时间内，生产的价值都可能
是不一样的，更何况是全社会的不同的劳动所创造的
价值。这种等价学说错误地给予劳动以价值，也就是
说，一定时间的劳动有一定的价值，然而劳动是价值
的原因，它本身没有价值。

　　指出杜林对价值、劳动以及它们之间关系的错误
理解后，恩格斯系统介绍了马克思的剩余价值理论。
剩余价值会在购买商品和卖出商品的过程中增加，马
克思认为，剩余价值的产生不是由于货币的购买，也
不是由于商品的卖出，而是产生于商品的使用价值，
而这种商品正是劳动力。劳动力变为商品后，它的价
值由生产或者再生产它的社会必要劳动时间决定，也
就是生活资料的价值。劳动力的使用价值可以创造价
值。假如一个工人劳动了 10 个小时，却得到了 8 个
小时的劳动所得即工资去维持生活，资本家得到了 2
个小时的无偿劳动，剩余价值就产生了。所有用来创
造剩余价值的生产资料，都将变成资本。因此，资本
应该是一个历史性的概念，存在于追求剩余价值的资
本主义社会。恩格斯还批评了杜林对资本的看法。杜
林的资本概念来源于剩余劳动，一切能够产生剩余劳

动的生产资料都被他看作资本，而全然不顾这些剩余
劳动是否在不断交换中追求增殖。

　　恩格斯驳斥了杜林对马克思剩余价值的歪曲。马
克思的剩余价值绝不简单地就是杜林所言的"资本赢
利或利润的东西"。马克思是从利息、利润和地租这
三个方面去说明剩余价值的，赢利只是剩余价值的一
种表现形式。然而，歪曲了马克思的剩余价值理论对
于资本的赢利方式的解释之后，杜林只能用暴力去解
释资本如何赢利。在恩格斯看来，这种充满错误的、
空洞的论断无法说明利润从何处产生。

3. 社会主义批判

　　在这一部分，恩格斯追溯了社会主义的历史。
当欧文、圣西门、傅立叶提出自己的社会主义理论和
愿景时，资本主义的生产状况和阶级状况还未成熟，
因此，他们的理论只能是单纯理性的构想，是缺少经
济关系支撑的空想。恩格斯认为杜林作为一个所谓社
会主义的后来者去观照这些先辈们时展现出的蔑视态
度，更多是出于他对三位空想社会主义者的无知。如
果说圣西门、傅立叶和欧文对社会主义的展望由于缺
少经济关系的支撑而成为空想是符合时代发展特征的
无奈的话，那么在 80 年后杜林社会主义思想中展现
出来的同样的空想性质就实在不应该了。不是根据现

实的经济材料去构建一个新的社会，而是从头脑中凭空构思，这样的杜林只是一个空想社会主义的模仿者。

恩格斯接着从历史唯物主义的角度出发，为我们揭示了科学社会主义的哲学基础："生产以及随生产而来的产品交换是一切社会制度的基础；在每个历史地出现的社会中，产品分配以及它相伴随的社会之划分为阶级或等级，是由生产什么、怎样生产以及怎样交换产品来决定的。"[1] 因此，社会变迁和政治变革的根源，不在于永恒的真理，而在于生产方式和交换方式的变革。消除弊病的手段，也不在于头脑中的哲学空想，而在于从现实

经济危机期间，排队领取救济金的人们

的生产关系中发掘。现代社会主义是对生产力和生产方式冲突的反映，这种冲突表现在社会化的生产和生产资料私人占有之间的矛盾。劳动者他们自己不能占有生产的产品，而不从事生产的资本家占有了别人的劳动产品，这样无产阶级和资产阶级就对立起来了。在一个只有通过交换才能实现价值的社会中，这种分离会造成生产的盲目和混乱，出现生产的"无政府状态"。为了消除这种"无政府状态"弊端而加强组织

---

1 《马克思恩格斯文集》第 9 卷，人民出版社 2009 年版，第 283—284 页。

性的种种努力，造成了"个别工厂中生产的组织性和整个社会中生产的无政府状态之间的对立"[1]。"无政府状态"会产生一支产业后备军，从而压低工人工资，使得贫困积累和资本积累同时发生。在生产不断扩张的同时，市场却由于工人阶级的贫困而无法扩张，资本主义的经济就发生了恶性循环的危机。

倾倒因产能过剩而滞销的牛奶

产品滞销，信贷紧缩，工厂关门，工人缺乏生活资料。通过整顿之后，工人又获得了工作机会，商品被卖出，资本主义进入一个新的发展周期，可是过不了多久，新的过剩危机就又会到来。资本主义的生产方式不仅排斥工人，而且也可能由于股份制和国家所有制而开始排斥资本家。生产力的极大发展已经不再适应资本主义的生产方式，于是就要求生产方式进行变革，摆脱资本的属性，承认社会本性。

1871年，巴黎公社宣告成立

1886年，美国芝加哥工人大罢工

1　《马克思恩格斯文集》第9卷，人民出版社2009年版，第290页。

使生产力回归社会本性的任务，只有在资本主义生产方式造就的无产阶级那里才能完成。无产阶级强大起来，夺取国家政权，把生产资料变为国家的财产。此时，国家就完成了它作为社会代表的第一个也是最后一个行动——占有生产资料。之后，国家就退出了历史的舞台。当社会占有了生产资料，就不再有商品的生产，"社会生产内部的无政府状态将为有计划的自觉的组织所代替"。那么人就不会再为生存而争斗，真正获得了自己的尊严，利用客观力量为人自觉的目的服务，实现"从必然王国进入自由王国的飞跃"。

恩格斯认为，这种解放世界的事业，是现代无产阶级的历史使命。科学社会主义的任务就是去考察这一事业的现实可能性。

揭示科学社会主义的历史必然性后，恩格斯回到了杜林的社会主义上来。他批评杜林从所谓终极真理中推导出社会主义的方法，这种方式不可能对资本主义周期性的经济危机产生正确的认识。在杜林看来，经济危机的产生只是由于群众的消费水平低。恩格斯认为这是最没有说服力的解释，几千年来，消费水平低是一个常见现象，而过剩危机却是很晚近才出现的。为什么只有资本主义的生产方式才产生了危机，而之前不会这样呢？除了产品和生产者分离导致的生产的盲目性，还能是什么原因呢？

恩格斯批评杜林对于社会主义的简单构想。杜林的社会主义反对马克思"既是个人的又是社会的所有制"。恩格斯指出，实际上马克思并没有表达这种观点，这只是杜林自己附会的虚构。杜林认为，公社应当对自己的劳动资料实行完全的占有，不同公社的社员可以根据一定的规则自由流动。在恩格斯看来，这样的结果就是会出现富裕的公社和贫穷的公社，公社之间、生产者之间还会存在竞争。杜林对于公社的生产的理解和原来资本主义的生产几乎相同，"只是公社代替了资本家而已"。生产从分工开始，首先是城乡的分工，然后根据个人的能力和爱好进行分工。恩格斯指出，这样的社会一定会引起竞争，继续生产资料支配生产者的悲剧。城乡的分工产生了恶性的循环，这种分工的消除是工业生产本身的需要。根据个人能力和爱好进行的分工，使得人丧失了接触全面性的实践活动而全面发展的可能性，人被他所从事的工作分成了几个部分，只能发展出畸形的能力，只能再次受到物的奴役。劳动不能让人再次被奴役，人应该能够通过劳动获得全面发展的机会，得到真正的快乐。恩格斯认为，杜林的分工理论无非是在说，"社会应该成为全部生产资料的主人"，而每一个人都是"自己生产资料的奴隶"。

恩格斯富有洞见地指出，杜林的社会主义实际上是保留资本主义的生产方式而消灭资本主义的分配方式的幻想。杜林认为，从公平的原则出发，资本主义的分配方式就应该被废除，等量劳动要和等量劳动交换。恩格斯指出，如果公社按照这种一定量的劳动换取等量工资的公平原则运行，根本无法存续，因为这种原则不会产生积累，否则，就只能回到资本主义的方式上来。杜林设计了一种劳动券去解决公社中的交换问题。恩格斯觉得这样的设计漏洞百出。如果劳动券不是货币，就可以被任何证件代替，金属货币完全没必要出现。公社之间的交换，以实物交换的形式进行就可以，那么在欠债时，某一公社只能以增加劳动时间的方式还债。然而，杜林又承认黄金这一天然货币的使用，那么整个和货币有关的金融活动可能就会活跃起来。

最后，恩格斯指出杜林设想的公社出现混乱、漏洞百出的根源，是对价值和货币认识的混乱，在这种混乱中，最让人难以理解的就是杜林去寻找劳动的价值。恩格斯提到，只有商品才有价值，劳动作为价值的根源它本身并没有价值。劳动力作为一种商品，可以拥有价值，可它的价值和它产生的价值根本不是一回事。用等量的劳动换取等量的劳动，只能理解为以等量的社会劳动去换等量的社会劳动产品，这也就是资本主义商品生产的基本规律。杜林将这个规律当作自己的经济公社中的基本规律，是他"要现存社会，但不要它的弊病"这一思想的体现，而这些弊病恰巧就是商品生产带来的。

四、《反杜林论》构建了马克思主义的主要科学理论体系

1. 反面批判与正面阐释

（1）反面批判与正面阐述

1871 年至 1875 年，杜林先后抛出了《国民经济学及社会主义批判史》《国民经济学及社会经济学教程》《哲学教程》三部著作。在哲学上，以机械论和唯心史观反对马克思的历史唯物主义；在经济学上，以庸俗经济学反对马克思的剩余价值理论；在社会主义理论方面，以小资产阶级的社会主义对抗科学社会主义。

他打着"社会主义的行家兼改革家"的旗号，以激进的言辞抨击社会现实，一时间蒙骗了包括德国社会主义工人党领导人倍倍尔等在内的许多人，伯恩施坦、莫斯特等机会主义分子更成为杜林主义的狂热信徒。为了回击杜林对马克思主义的进攻，捍卫马克思主义在工人运动中的领导地位，为了保卫德国社会主

1875 年 5 月的哥达合并代表大会上，全德工人联合会和德国社会民主工党合并为统一的政党，即德国社会主义工人党，两派的机关报《社会民主党人报》和《人民国家报》暂时合并为统一的机关报《前进报》。该报于 1876 年 10 月 1 日创办，于 1878 年 10 月 25 日被德国当局查封，该报最重要的成果是恩格斯撰写的三组批判杜林的文章。图为《前进报》1876 年 10 月 1 日的头版

义工人党的团结统一，为了系统地阐述和宣传马克思主义，恩格斯肩负起反击杜林的重任。1877 年 1 月至 5 月，恩格斯以《欧根·杜林先生在哲学中实行的变革》为题，连续发表了一系列批判论文，初步形成了《反杜林论》的第一编"哲学"。同年 7 月至 12 月，恩格斯又连续发表了一组题为《欧根·杜林先生在政治经济学中实行的变革》的批判论文，即《反杜林论》的第二编"政治经济学"。1878 年 5 月至 7 月，恩格斯发表了一系列题为《欧根·杜林先生在社会主义中实行的变革》的论文，是为《反杜林论》的第三编"社会主义"。

"对象本身的性质迫使批判不得不详尽，这样的详尽是同这一对象的学术内容即同杜林著作的学术内容极不相称的。"[1]因此，与杜林三部主要著作《哲学教程》《国民经济学及社会经济学教程》《国民经济学及社会主义批判史》的主要内容相呼应，在《反杜林论》中，恩格斯分别对杜林的哲学、政治经济学和社会主义进行了系统批判，并由此完成了对杜林整个"科学"体系的批判。

哲学体系是杜林整个"共同社会"体系中的理论基础。因此，恩格斯的首要任务就是对杜林整个哲学

1　《马克思恩格斯文集》第 9 卷，人民出版社 2009 年版，第 8 页。

体系的实质和主要组成部分展开深刻而全面的批判。杜林的哲学体系以原则为出发点，由三个部分组成，分别为"一般的世界模式论，关于自然原则的学说，以及最后关于人的学说"[1]。

　　恩格斯首先指出，杜林以之为哲学出发点的原则是先验的，以先验原则为出发点构建的哲学体系是唯心主义的，并且其内在逻辑是自相矛盾的。其次，杜林强调关于一切存在的原则先于自然界和人类社会，即原则来源于思维，而不是外部世界，甚至"应当被运用于自然界和人类"[2]。同时，杜林又认为，"纯粹观念的领域仅限于逻辑模式和数学的形式。逻辑模式只能同思维形式有关系"[3]，而不涉及外部存在的形式。但杜林的原则又是"一切知识和意志的原则"[4]，即关于一切存在的基本形式的原则。通过批判杜林哲学的唯心主义实质，恩格斯深刻阐明了思维和存在的关系问题，揭示了唯物主义世界观与唯心主义世界观的本质差别："原则不是研究的出发点，而是它的最终结果；这些原则不是被应用于自然界和人类历史，而是从它们中抽象出来的；不是自然界和人类去适应原则，而是原则只有在符合自然界和历史的情况下才

1　《马克思恩格斯文集》第9卷，人民出版社2009年版，第37页。

2　《马克思恩格斯文集》第9卷，人民出版社2009年版，第37页。

3　《马克思恩格斯文集》第9卷，人民出版社2009年版，第38页。

4　《马克思恩格斯文集》第9卷，人民出版社2009年版，第37页。

是正确的。"[1]

接着，恩格斯就杜林的世界模式论、自然哲学、道德和法的观念，以及杜林对马克思辩证法内涵的歪曲理解展开了系统批判，并在此基础上正面论述了"世界的真正统一性在于其物质性"的辩证唯物主义基本观点，阐明了时间、空间与物质、运动的辩证关系，思维的至上性与非至上性的辩证关系，以及建立在历史唯物主义基础之上的真理观、道德观、平等观与自由观。

其次，在"政治经济学"一编中，恩格斯以马克思政治经济学批判的成就为依据，以历史唯物主义为基础，批判了杜林经济学的庸俗性质及其"暴力论"的唯心主义性质，阐明了马克思主义政治经济学研究的对象和方法、暴力在历史中的作用。针对杜林对马克思政治经济学批判观点的攻击和歪曲，恩格斯根据《资本论》的观点对其展开有力回击，再次阐明了马克思关于资本、劳动、剩余价值、竞争等重要政治经济学概念的科学内涵，捍卫了马克思劳动价值论和剩余价值论的时代价值。

最后，在"社会主义"一编中，恩格斯通过回溯空想社会主义理论产生的历史条件，直指杜林对三大空想社会主义者不公正的评价，揭露了杜林以所谓的

1　《马克思恩格斯文集》第9卷，人民出版社2009年版，第38页。

"新的共同社会结构"为方案的社会主义的虚假性和唯心主义性质，因为杜林的社会主义根本不是历史发展的必然产物，也不是现代经济条件的产物，他的社会主义是"最后的终极的真理"。在此基础上，恩格斯运用唯物主义历史观的方法，阐述了社会主义由空想变为科学的哲学基础、历史条件以及现实条件，阐明科学社会主义的基本特征，科学论证了无产阶级的历史使命和共产主义取代资本主义的历史必然性。

《反杜林论》既是对杜林思想体系的深刻批判，也是对马克思主义科学思想的正面阐释。正是在对杜林哲学分类上的先验主义倾向、认识论上的形而上学绝对论，以及社会历史观上的唯心主义、政治经济学和社会主义的系统批判中，恩格斯正面阐述了马克思主义哲学、政治经济学和科学社会主义的基本观点以及三者的内在关系，构建了马克思主义的主要科学体系。

（2）消极的批判转向积极的批判

消极的批判转化为积极的批判必须以明确的目的为中介。批判对象所涉猎的理论领域的广泛性，极容易导致批判自身"迷失"于各种"细枝末节"的观点中，无法梳理清楚其中的内在逻辑，以致完全被"内心冲动"左右，纯粹为了批判而批判，最终失去批判之根本目的。对马克思和恩格斯"所主张的辩证方法和共产主义世界观的比较连贯的阐述"，使人们较为

高卢雄鸡是法国第一共和国国旗的标志，是当时法国人民革命意志的象征。马克思在《〈黑格尔法哲学批判〉导言》中曾将哲学比喻为"高卢雄鸡"

系统地把握它，更好地用于认识和改造现实世界，成
为《反杜林论》的主要目标之一。

通过与杜林进行思想论战的方式，恩格斯不仅
阐明了唯物辩证法和唯物史观之于科学社会主义的意
义，而且将哲学基本问题、存在论、认识论、物质观、
历史观和辩证法内在地统一起来，完成了对马克思主
义哲学的体系的构建。

1886年，《反杜林论》第二版在苏黎世出版。此时，
该书批判的对象——欧根·杜林先生及其著作"几乎
已被人遗忘"，然而这部批判的著作却愈发令人产生
兴趣，以至于在遭到德意志帝国查禁的情况下依旧流
行与畅销，甚至出版了第二版、第三版。这充分证明
了《反杜林论》中正面阐述的理论价值远超其反面
批判，也正因此，"消极的批判成了积极的批判"。
正如恩格斯在第二版序言中所说，由于该书"所批判
的杜林先生的'体系'涉及非常广泛的理论领域，这
使我不能不跟着他到处跑，并以自己的见解去反驳他
的见解。因此消极的批判成了积极的批判；论战转变
成对马克思和我所主张的辩证方法和共产主义世界观
的比较连贯的阐述……看来有这样的读者，他们对于
这一问题的兴趣极大，他们由于对论战中所作的正面
阐述感兴趣，因而愿意了解现在在很多方面已经失去

对象的同杜林观点的论战"[1]。

《反杜林论》在恩格斯生前的广为流传以及对于工人运动的理论基石作用，充分表明了其理论的生命力，同时也意味着马克思的世界观不是教义而是方法。从根本上说，促进德国社会民主党的思想统一，使党员普遍认识到马克思主义作为世界观和方法论的完整性，全面准确地理解工人阶级的历史使命，从而积极投身于改造现实世界的社会主义运动中，这是《反杜林论》最具决定意义的作用。其中，马克思主义哲学给工人阶级指明了摆脱精神奴役的道路；马克思主义政治经济学阐明了资本主义制度下工人阶级的真正地位；科学社会主义揭示出雇佣劳动的本质和资本主义的发展规律，明确提出了新社会的创造力量。

2. 马克思主义的三个构成部分及其内在关系

《反杜林论》全书是由"引论"和"哲学""政治经济学""社会主义"三编，共二十九章组成，第一次对马克思主义的哲学、政治经济学和科学社会主义三个组成部分及其内在联系作了系统、完整而又精

1　《马克思恩格斯文集》第 9 卷，人民出版社 2009 年版，第 10—11 页。

辟的阐述，是一部马克思主义的"百科全书"。恩格斯说："尽管这本书的目的并不是以另一个体系去同杜林先生的'体系'相对立，可是希望读者也不要忽略我所提出的各种见解之间的内在联系。"[1]在"引论"部分，恩格斯对全书作了概述，说明社会主义是怎样由空想变为科学的，并揭露了杜林对马克思主义发起攻击的主要反动观点。针对杜林的反动思想体系，恩格斯分"哲学""政治经济学"和"社会主义"三个部分，加以论述和批判。

（1）马克思主义的三个构成部分

"哲学""政治经济学""科学社会主义"三个部分构成了马克思主义的科学理论体系。

马克思主义哲学是马克思主义全部学说的理论基础。恩格斯抓住了物质第一性、意识是物质发展的产物这个辩证唯物论的根本原则，深入分析了处在时空中运动着的物质世界，阐明：由于永恒的运动物质从无机界发展到有机界、从生物界发展到人类社会、从蛋白体简单的感受性发展到人类特有的认识世界和改造世界的能动性、从人类的原始社会发展到社会主义社会，表现为一个由低级到高级、由简单到复杂的无限发展过程。在分析中，恩格斯深刻地批判了杜林从原则出发来建立他的哲学体系的唯心论的先验论，阐

1　《马克思恩格斯文集》第9卷，人民出版社2009年版，第8页。

明了辩证唯物论的能动的反映论；批判了杜林以"物质的自身等同状态"为出发点的形而上学和唯心论的自然观，阐明了辩证唯物论的时空观、运动观和生物进化学说；批判了杜林以地主资产阶级人性论为基础的反动道德观，阐明了历史唯物论关于道德的学说；批判了杜林的形而上学，精辟地阐明了唯物辩证法的矛盾观，以及质和量、肯定和否定等辩证法思想。

马克思主义政治经济学是运用马克思主义哲学理论去研究社会生产关系及其发展规律的科学。它运用从个别上升到一般和一分为二的方法，着重分析了资本主义社会的经济关系，对资本主义的发生、发展、灭亡作了系统分析和阐发，因而是"马克思主义的主要内容"。无产阶级的世界观是认识世界和改造世界的尖锐武器。当马克思和恩格斯用它来分析与研究资本主义社会时，就发现资本家剥削工人的秘密在于无偿占有工人劳动创造的剩余价值，发现资本主义社会的基本矛盾在于生产的社会性和占有制的私人性之间的矛盾。这些矛盾的阶级表现则是资产阶级和无产阶级之间的矛盾。马克思和恩格斯在科学分析的基础上，提出了剩余价值的学说，创立了马克思主义的政治经济学。所以，紧接"哲学"编之后，恩格斯就在尖锐批判杜林庸俗的资产阶级政治经济学的基础上，系统地阐明了无产阶级政治经济学的对象和方法、暴力在历史发展中的作用，以及资本和剩余价值等基本概念。

　　科学社会主义是在马克思主义哲学指导下，分析资本主义社会的矛盾所得出的结论。马克思指出，资本主义社会由于它的矛盾的发展，必然要为社会主义社会所代替，这也意味着无产阶级的社会主义革命是不可避免的。无产阶级受压迫、受剥削是和现代化大生产相联系的，这种阶级地位决定了无产阶级是资本主义社会中最先进的革命阶级，是推翻资本主义社会、建立无产阶级专政的社会革命力量。而这些，正是恩格斯在"社会主义"编里所阐明的内容。

　　（2）马克思主义三个组成部分之间的关系

　　马克思主义的三个组成部分既相对独立，自成体系；又相互依存、密不可分，存在着内在的逻辑联系，从而构成了马克思主义完整的科学理论体系。马克思主义哲学是马克思主义全部学说的理论基础，马克思主义政治经济学是马克思主义哲学的运用与证明，科学社会主义既是马克思主义哲学和政治经济学的运用，又是马克思主义哲学和政治经济学的落脚点。这三个组成部分共同构成了马克思主义完整的科学体系，是无产阶级及其政党的科学的世界观。

　　从哲学的角度看，马克思主义哲学是马克思主义全部学说的理论基础，马克思主义哲学为马克思主义政治经济学和科学社会主义提供了一般的世界观与方法论原则，提供了揭示社会历史奥秘的钥匙。

　　从政治经济学的角度看，唯物史观的许多重要范畴和一些基本理论，都要借助于经济学的研究和论证；科学社会主义的基本理论既以社会历史规律的科学揭示为基础，即以唯物史观为基础，也要以对资本主义生产关系的剖析为前提，即以剩余价值理论为支柱。

从科学社会主义的角度看，马克思主义哲学和政治经济学为科学社会主义做了理论铺垫，科学社会主义直接体现了无产阶级利益和共产主义理想，是马克思主义的核心、精髓和主要标志。科学社会主义是关于无产阶级解放斗争的性质、目的和条件的学说，既使马克思主义哲学真正变成了改造世界的哲学，也使政治经济学的理论意义与实践价值得到了提升。

在马克思主义体系中，它的世界观和方法论原则与它对经济事实的分析同它的全部结论之间，在理论上和逻辑上是严密的、完整的、一贯的，它们相互联系、相互渗透，构成统一的马克思主义学说。把它们其中任何一个组成部分同整体割裂开来，都会使它丧失自己的原有性质，并导致对整个马克思主义的曲解。如果没有马克思主义哲学，马克思主义政治经济学和科学社会主义就会失去科学的世界观与方法论作为理论前提；如果没有马克思主义政治经济学，就难以理解唯物史观的一系列基本范畴和重要原理，社会主义就不可能有剩余价值理论这个坚实的基础，从而也就不可能从空想变为科学；如果没有科学社会主义，马克思主义哲学和政治经济学就会失去理论的归宿，就不可能使马克思主义哲学变成革命的实践的唯物主义哲学，也不可能为马克思主义政治经济学的研究规定明确的目的和方向。可见，马克思主义是一个有着内在联系的完备而严密的科学理论体系。

3. 辩证唯物主义的深入阐释

（1）深入阐释思维与存在的关系问题

通过对杜林从原则出发来研究自然与人类社会的先验主义唯心论的批判，恩格斯科学地阐明了思维与存在的关系问题，确立了辩证唯物主义的本体论与认识论。

首先，恩格斯通过辨析哲学原则和自然界与人类社会的关系，揭示了唯心主义与唯物主义在认识论上的本质区别。哲学的对象是自然界和人类社会，唯心主义将来源于人类思维的先验原则视为先于物质世界的存在，再将这些原则应用于自然界和人类社会。而唯物主义则认为，"原则不是研究的出发点，而是它的最终结果，这些原则不是被应用于自然界和人类历史，而是从它们中抽象出来的；不是自然界和人类去适应原则，而是原则只有在符合自然界和历史的情况下才是正确的"[1]。从原则出发还是从事实出发，是

1　《马克思恩格斯文集》第9卷，人民出版社2009年版，第38页。

唯心主义和唯物主义在认识论上的根本区别。

接着，恩格斯通过探究思维和意识的本质及其起源，阐明了思维与存在何者为第一性的问题，即思维与存在的本体论问题。恩格斯指出，思维和意识是人脑的产物，人是自然界的产物，因此人脑的产物也是自然界的产物，并与其所处环境相适应。"它们都是人脑的产物，而人本身是自然界的产物，是在自己所处的环境中并且和这个环境一起发展起来的；这里不言而喻，归根到底也是自然界产物的人脑的产物，并不同自然界的其他联系相矛盾，而是相适应的。"[1]即使是"数"和"形"这些看似纯粹的概念，也完全是从外部世界抽象出来的，是为了满足人的现实需要而创造的，而不是在头脑中由纯粹的思维产生出来的。归根到底即是说，存在和物质是第一性的，思维与意识是第二性的；存在和物质决定了思维和意识。

再次，恩格斯论述了认识的无限与有限的辩证法。他指出，我们对世界体系的认识永远具有历史性和局限性。虽然整个自然界的所有过程都处于一种系统联系中，"但是，对这种联系作恰当的、毫无遗漏的、科学的陈述，对我们所处的世界体系形成精确的思想映象，这无论对我们还是对所有时代来说都是不可能

1　《马克思恩格斯文集》第 9 卷，人民出版社 2009 年版，第 38—39 页。

的。……事实上，世界体系的每一个思想映象，总是在客观上受到历史状况的限制，在主观上受到得出该思想映象的人的肉体状况和精神状况的限制"[1]。这就使得人们的认识始终处于矛盾之中，即认识的有限性和无限性的矛盾之中，"这个矛盾不仅存在于世界和人这两个因素的本性中，而且还是所有智力进步的主要杠杆，它在人类的无限的前进发展中一天天不断得到解决"[2]。

最后，恩格斯认为，意识具有相对独立性。规律一经抽象出来，就独立于现实世界，并被运用于现实世界。

（2）世界的真正统一性在于物质性

在"哲学"编的"世界模式论"一章中，恩格斯对杜林关于"世界统一于其存在"的唯心主义观点展开批判的同时，深入阐述了"世界的真正统一性在于其物质性"的辩证唯物主义基本观点。

杜林论证存在的统一性是为了说明宗教宣扬的彼岸世界是不存在的，但他的论证方式是唯心的，包含两个明显错误，一是把存在的唯一性变成它的统一性，二是用世界统一的概念来说明现实世界的统一。在具体的论证过程中，杜林从存在概念的唯一性出发，通

1　《马克思恩格斯文集》第9卷，人民出版社2009年版，第40页。
2　《马克思恩格斯文集》第9卷，人民出版社2009年版，第40页。

过思维的统一性和思维与存在的同一性这两个中间环节，来通达存在的统一性。

在杜林看来，思维的本质是把意识的各个要素联合为一个统一体，存在概念虽然包罗万象，却是唯一的，这个唯一的存在概念作为思维的一个对象，要符合思维，即与思维保持同一，因此受到思维把意识的各个要素联合为一个统一体的影响和限制，也呈现为一个不可分割的统一体。由此，杜林就从存在概念的唯一性，经由思维的统一性和思维与存在的同一性，得出存在概念的统一性。因为现实的存在与被思考的存在具有同一性，因此，只要被思考的存在概念、世界概念是统一的，所有现实的存在、现实的世界也就成为不可分割的统一体了，既然现实世界是一个不可分割的统一体，与现实世界相对立的彼岸世界也就不存在了。

对此，恩格斯首先指出，杜林的存在概念完全是唯心主义的，是对黑格尔的严重抄袭。在杜林那里，作为现实世界起点的存在是真正的虚无。因为他的存在是没有任何差别、任何运动和变化的存在。而从这种存在－虚无之中，才发展出了现在分化了的、变化多端的、表现为发展和变异的世界状态。这样就有了较高阶段的存在概念，它既包括不变，又包括变，既有存在，又有变异。这种"无中生有"的存在观完全是唯心主义的，而且是黑格尔式的。

其次，恩格斯批评杜林对思维的分析是片面的、形而上学的。在恩格斯看来，思维不仅有综合的功能，而且也有分析的功能。"思维既把相互联系的要素联合为一个统一体，同样也把意识的对象分解为它们的要素。没有分析就没有综合。"[1]此外，思维与存在具有同一性的原因在于存在决定思维。"思维，如果它不做蠢事的话，只能把这样一些意识的要素综合为一个统一体，在这些意识的要素或者在它们的现实原型中，这个统一体以前就已经存在了。"[2]因此，不是思维的统一性决定物质世界的统一性，而是物质世界的统一性决定思维的统一性。

最后，恩格斯说明了世界的真正统一性在于其物质性这一辩证唯物主义的基本原理。"世界的统一性并不在于它的存在，尽管世界的存在是它的统一性的前提，因为世界必须先存在，然后才能是统一的……世界的真正的统一性是在于它的物质性……"[3]世界上多种多样、千差万别的事物，都是物质存在的不同表现形态。精神、意识是物质发展到高级阶段的产物，是人的大脑这种高度发展的物质的属性和机能，是对客观世界的反映。但"这种物质性不是由魔术师的三两句话所证明的，而是由哲学和自然科学的长期的和

1　《马克思恩格斯文集》第9卷，人民出版社2009年版，第45页。
2　《马克思恩格斯文集》第9卷，人民出版社2009年版，第45页。
3　《马克思恩格斯文集》第9卷，人民出版社2009年版，第47页。

持续的发展所证明的"[1]。其一，
人们改造世界的实践活动证明了
世界的物质性。其二，自然科学
的发展日益证明世界的物质性。
其三，马克思主义历史科学和政
治经济学表明，人类社会是整个
物质世界的一个方面，也是物质世界发展的产物。

马克思故居纪念馆
院内的雕像

（3）辩证唯物主义的自然观

在"自然哲学"四章中，恩格斯主要讨论了
时间和空间、物质与运动、运动与静止之间的相互
关系。

首先，通过对杜林的形而上学时空观的批判，恩
格斯深刻地阐明了辩证唯物主义的时空观。宇宙在时
间和空间上是无限的，有限和无限又是辩证统一的。
时间和空间是运动着的物质存在的基本形式，是物质
的根本属性。恩格斯明确指出，物质是和时间、空间
不可分割地联系在一起的。"因为一切存在的基本形
式是时间和空间，时间以外的存在像空间以外的存在
一样，是非常荒诞的事情。"[2]时空和物质运动的关
系可以作这样的理解：时间和空间是运动着的物质的
存在形式，是物质运动的属性，时空同物质运动不可

1　《马克思恩格斯文集》第9卷，人民出版社2009年版，第47页。
2　《马克思恩格斯文集》第9卷，人民出版社2009年版，第56页。

恩格斯写作《反杜林论》的笔记

分离。一方面，物质运动离不开时间和空间，没有离开时间和空间的物质运动。从内容和形式的关系看，物质运动是内容，时间空间是形式，内容离不开形式，从而物质运动离不开时间空间；从一般和特殊的关系看，物质运动是一般，时间空间是特殊，一般离不开特殊，一般在特殊之中，从而物质运动离不开时间空间。另一方面，时间和空间离不开物质运动，没有离开物质运动的时间空间。我们说的年、月、日这些时间单位都有其相应的物质运动内容。

其次，通过批判杜林对物质与运动关系的看法，恩格斯提出了"运动是物质的存在方式"这一辩证唯物主义基本观点。杜林认为，"物质是一切现实的东西的载体；因此，在物质以外不可能有任何机械力。其次，机械力是物质的一种状态"[1]。恩格斯批评道："杜林先生把运动归结为机械力这样一种所谓的运动的基本形式，这就使他不可能理解物质和运动之间的真实联系。"[2]而事实是，"运动是物质的存在方式"[3]。运动是物质的固有属性，是物质的存在方式，是宇宙中发生的一切变化和过程，运动是一般的变化。这是

1　《马克思恩格斯文集》第9卷，人民出版社2009年版，第63页。

2　《马克思恩格斯文集》第9卷，人民出版社2009年版，第63—64页。

3　《马克思恩格斯文集》第9卷，人民出版社2009年版，第64页。

我们给运动范畴所下的定义。说运动是物质的固有属性，意思是说运动不是从外面加给物质的，物质不用上帝推，自己就能动，自己就有运动的能力，可以说整个辩证法理论都是在说明"自己运动"思想。"自己运动"思想可以否定神学，可以启发人对自己的认识，即对人的自由本质的思考。说运动是物质的存在方式，意思是说物质这一万物内部看不见的共性和本质总要显现出来，它不显现人就很难说明它的存在，物质就是通过运动而显现的。我们把显现物质的运动称为物质的存在方式。物质有了运动，才能表现和实现自己。

　　接着，恩格斯论述了绝对运动与相对静止的关系。运动是物质的固有属性和存在方式，同物质不可分割，这说明运动是无条件的（不需要上帝从外面推动等条件）、绝对的。但运动的绝对性，并不意味着某种特殊运动形式的绝对性。就是说，物质的某一种运动形式可以在一定条件下暂时不发生作用。如这张桌子未动，就是说这张桌子暂没有进行位移这种机械运动，因而我们说它是相对静止的。所谓静止是针对运动的某种特殊形式而言的，它是整体的或总体的运动过程中的局部表现，是运动的特定状态。"无论何时何地，都没有也不可能有没有运动的物质。……任何静止、任何平衡都只是相对的，只有对这种或那种特定的运动形式来说才是有意义的。"[1]

最后，恩格斯指出，物质的运动形式是多种多样的，各种不同的运动形式之间是相互联系的，在一定条件下又是相互转化的。物质的存在形态对应于物质的运动形式，一般说来，物质运动有机械运动、物理运动、化学运动、生命运动和社会运动，前三种可以归结为无机运动，这样，物质运动可以归为三种基本形式，即无机界运动、生命运动和社会运动。与之相对，物质存在形态可以划分为无机物质、生命物质与社会物质。前两种可以称为自然存在，后者称为社会存在。

（4）辩证唯物主义的历史观

在"道德和法"三章中，恩格斯进一步阐述了唯物主义历史观对于真理、道德、平等、自由等观点的看法。

首先，恩格斯分析了思维的至上性与非至上性的对立统一。恩格斯认为，人的思维是所有个人思维的抽象。人的思维不等于个人的思维，但又仅仅作为全部过去、现在、未来的人的个人思维而存在。抽象的人的思维具有至上性，而单个人的思维则是非至上的。这里就存在一个矛盾，即思维的至上性和非至上性之间的矛盾，这一矛盾是在人类历史的无限前进中得到解决的。"思维的至上性是在一系列非常不至上地思

1　《马克思恩格斯文集》第 9 卷，人民出版社 2009 年版，第 64 页。

维着的人中实现的；拥有无条件的真理权的认识是在一系列相对的谬误中实现的；二者都只有通过人类生活的无限延续才能完全实现。"[1] "在这里，我们又遇到了在上面已经遇到过的矛盾：一方面，人的思维的性质必然被看做是绝对的，另一方面，人的思维又是在完全有限地思维着的个人中实现的。这个矛盾只有在无限的前进过程中，在至少对我们来说实际上是无止境的人类世代更迭中才能得到解决。从这个意义来说，人的思维是至上的，同样又是不至上的，它的认识能力是无限的，同样又是有限的。按它的本性、使命、可能和历史的终极目的来说，是至上的和无限的；按它的个别实现情况和每次的现实来说，又是不至上的和有限的。"[2]

其次，恩格斯指出，永恒真理和思维的至上性情况相同，只有穷尽一切可能，在历史尽头才会有永恒真理存在。但我们的生活中不也存在着"二乘二等于四""人不吃饭会饿死"这样的永恒真理吗？这该如何理解呢？恩格斯分析道，我们可以将整个知识领域分为三大类。第一类是可以被称为精密科学的无机界的科学，如数学、天文学、力学、物理学、化学。在这里我们或许获得过一些绝对真理，但是随着时间的

1　《马克思恩格斯文集》第9卷，人民出版社2009年版，第91页。
2　《马克思恩格斯文集》第9卷，人民出版社2009年版，第92页。

推移，我们又有了新的发现，最后的、终极的真理就变得罕见了。第二类是包括生物机体在内的有机界的科学。在这里绝对真理只能是"人是有死的"之类的陈词滥调。第三类是历史科学。"即在按历史顺序和现今结果来研究人的生活条件、社会关系、法的形式和国家形式及其由哲学、宗教、艺术等等组成的观念上层建筑的历史科学中，永恒真理的情况还更糟。"[1]真理是绝对的，又是相对的。"但是认识就其本性而言，或者对漫长的世代系列来说是相对的而且必然是逐步趋于完善的……真理和谬误，正如一切在两极对立中运动的逻辑范畴一样，只是在非常有限的领域内才具有绝对的意义。"[2]

《家庭、私有制和国家的起源》（2018年版）

再次，恩格斯认为，从社会历史的角度考察道德、平等与自由，不难发现在以私有制为基础的阶级社会中，不论是奴隶社会还是现代社会，都没有超越阶级的道德、平等和自由。

与真理一样，道德也是相对的，一切以往的道德归根到底都是当时的社会经济状况的产物，没有绝对的、凌驾于历史和民族差别之上的道德原则。"我们拒绝想把任何道德教条当做永恒的、终极的、从此不变的伦理规律强加给我们的一切

1　《马克思恩格斯文集》第9卷，人民出版社2009年版，第94页。
2　《马克思恩格斯文集》第9卷，人民出版社2009年版，第96页。

无理要求，这种要求的借口是，道德世界也有凌驾于历史和民族差别之上的不变的原则。相反的，我们断定，一切以往的道德论归根到底都是当时的社会经济状况的产物。"[1]

　　恩格斯批判杜林的完全平等观，指出平等的观念是历史发展的产物，在阶级社会里，平等是有阶级性的，而无产阶级的平等要求是消灭阶级。"无产阶级所提出的平等要求有双重意义。或者它是对明显的社会不平等，对富人和穷人之间、主人和奴隶之间、骄奢淫逸者和饥饿者之间的对立的自发反应……它作为这种自发反应，只是革命本能的表现……或者它是从对资产阶级平等要求的反应中产生的，它从这种平等要求中吸取了或多或少正当的、可以进一步发展的要求，成了用资本家本身的主张发动工人起来反对资本家的鼓动手段；在这种情况下，它是和资产阶级平等本身共存亡的。在上述两种情况下，无产阶级平等要求的实际内容都是消灭阶级的要求。任何超出这个范围的平等要求，都必然要流于荒谬。"[2] "平等的观念，无论以资产阶级的形式出现，还是以无产阶级的形式出现，本身都是一种历史的产物，这一观念的形成，需要一定的历史条件，而这种历史条件本身又以长期

1　《马克思恩格斯文集》第9卷，人民出版社2009年版，第99页。
2　《马克思恩格斯文集》第9卷，人民出版社2009年版，第112—113页。

的以往的历史为前提。所以，这样的平等观念说它是什么都行，就不能说它是永恒的真理。"[1]

恩格斯批判杜林关于自由定义的前后矛盾，认为杜林关于自由的定义是对黑格尔观念的极端庸俗化。黑格尔首次正确叙述了自由和必然之间的关系。恩格斯接着说："自由是对必然的认识。……自由不在于幻想中摆脱自然规律而独立，而在于认识这些规律，从而能够有计划地使自然规律为一定的目的服务……因此，自由就在于根据对自然界的必然性的认识来支配我们自己和外部自然。"[2]自由是历史发展的产物，"文化上的每一个进步，都是迈向自由的一步"[3]。

（5）唯物主义辩证法

杜林《哲学教程》
中译本

在"辩证法。量和质"与"辩证法。否定的否定"这两章中，恩格斯集中批判了杜林的形而上学的世界观对矛盾客观性的否定、对质量互变规律和对否定之否定规律的歪曲，全面论证了唯物辩证法基本规律的客观性和普遍性，科学驳斥了杜林把马克思主义唯物辩证法和黑格尔唯心辩证法混为一谈的谬论。

首先，恩格斯用事物是运动的、联系的观点破除了杜林形式上学的、静止的世界观对矛盾客观性的否

1　《马克思恩格斯文集》第9卷，人民出版社2009年版，第113页。
2　《马克思恩格斯文集》第9卷，人民出版社2009年版，第120页。
3　《马克思恩格斯文集》第9卷，人民出版社2009年版，第120页。

定，进一步阐明了矛盾的客观性与普遍性。在杜林看来，矛盾只是思想中的范畴，事物中没有任何矛盾，设定真实的矛盾本身是不合理的，因而矛盾不具有客观性。恩格斯指出，如果我们仅仅把事物看作是静止的，各自独立、彼此并列或先后相继，我们在事物中确实遇不到任何矛盾。"但是一当我们从事物的运动、变化、生命和彼此相互作用方面去考察事物时，情形就完全不同了。在这里我们立刻陷入了矛盾。"[1] 当我们用运动的、联系的眼光看待事物时，矛盾就无时不在、无处不有了。恩格斯进一步解释了矛盾与运动的关系。"运动本身就是矛盾；甚至简单的机械的位移之所以能够实现，也只是因为物体在同一瞬间既在一个地方又在另一个地方，既在同一个地方又不在同一个地方。这种矛盾的连续产生和同时解决正好就是运动。"[2] 矛盾具有客观性、普遍性，不仅简单机械运动中存在矛盾，有机生命的运动中更包含着矛盾，即使是在人的思维领域中，也不能避免矛盾，比如人的认识能力的无限性与认识活动的有限性的矛盾，这一矛盾是在无穷无尽的认识活动的前进中解决的。

其次，在质量互变规律上，杜林将与马克思完全相反的观点强加给马克思并贬低《资本论》与辩证法

1　《马克思恩格斯文集》第9卷，人民出版社2009年版，第126—127页。

2　《马克思恩格斯文集》第9卷，人民出版社2009年版，第127页。

在思想史上的地位和意义。恩格斯对此展开逻辑严密的批判，并阐释了质量互变的本真含义。第一，质变引起量变不是黑格尔逻辑学纯粹形而上学的规定，而是事物变化发展的固有规律。马克思是通过自然科学的成果和《资本论》中对剩余价值的分析证明了黑格尔《逻辑学》中发现的规律的正确性，即"单纯的量的变化到一定点时就转变为质的区别"[1]。第二，量变引起质变是有前提的，并不是所有的量变都能引起质变。当事物的量在与事物的质相统一的界限内变化时，即在"度"的区间内活动时，是不会引发质的变化的。只有当量变达到"一定点"时，即所谓的关节点时，量变才能引起质变。如价值转化为资本："不是任何一个货币额或价值额都可以转化为资本。相反地，这种转化的前提是单个货币占有者或商品占有者手中有一定的最低限额的货币或交换价值。"[2]第三，质变体现和巩固量变的成果，并为新的量变开辟道路。例如："许多人协作，许多力量融合为一个总的力量，用马克思的话来说，就产生'新力量'，这种力量和它的单个力量的总和有本质的差别。"[3]

最后，恩格斯通过反驳杜林对马克思的污蔑，阐

1　《马克思恩格斯文集》第9卷，人民出版社2009年版，第132页。
2　《马克思恩格斯文集》第9卷，人民出版社2009年版，第131—132页。
3　《马克思恩格斯文集》第9卷，人民出版社2009年版，第133—134页。

明否定之否定正确反映了事物矛盾发展的客观过程。
第一，马克思是在做了大量的历史、社会和经济等方
面的考察后才得出未来社会的形式，并据此证实了否
定之否定规律，而不是从否定之否定规律逻辑地来反
向推导出社会历史的进程。第二，否定之否定是事物
自身发展、自我完善的一个关键环节。事物的辩证发
展"按本性说是对抗的、包含着矛盾的过程，一个极
端向它的反面的转化，最后，作为整个过程的核心的
否定的否定"[1]。第三，否定之否定规律具有普遍性。
"它是自然界、历史和思维的一个极其普遍的、因而
极其广泛地起作用的、重要的发展规律；这一规律，
正如我们已经看到的，在动物界和植物界中，在地质
学、数学、历史和哲学中起着作用。"[2]

4. 政治经济学理论的科学说明

（1）广义政治经济学与狭义政治经济学
　　首先，恩格斯指出广义政治经济学的内涵及其本
质。在"政治经济学"编的开头，恩格斯首先给政治
经济学下了一个定义："政治经济学，从最广的意义
上说，是研究人类社会中支配物质生活资料的生产和

1　《马克思恩格斯文集》第9卷，人民出版社2009年版，第148页。
2　《马克思恩格斯文集》第9卷，人民出版社2009年版，第148页。

交换的规律的科学。"[1] 由于人们在生产和交换时所处的历史时期和国家不同，政治经济学也不可能是一成不变的。因此，"政治经济学本质上是一门历史的科学"[2]。在此意义上，恩格斯指出，作为一门研究人类各种社会进行生产和交换并相应地进行产品分配的条件和形式的科学的广义政治经济学，尚有待创造。

1859年《政治经济学批判。第一分册》扉页

接着，恩格斯列举出广义政治经济学的研究对象和任务。政治经济学"所涉及的是历史性的即经常变化的材料；它首先研究生产和交换的每个个别发展阶段的特殊规律，而且只有在完成这种研究以后，它才能确立为数不多的、适用于生产一般和交换一般的、完全普遍的规律"[3]。此外，随着历史上一定社会的生产和交换的方式、方法的产生，同时也产生了产品分配的方式、方法，这些也是政治经济学的研究对象。而随着分配上的差别的出现，也就出现了阶级差别，原本因抵御外敌而发展出来的国家，成为维护统治阶级的生活条件和统治条件的暴力机器。恩格斯指出，我们现在所掌握的东西几乎只限于资本主义生产方式的发

---

1 《马克思恩格斯文集》第9卷，人民出版社2009年版，第153页。
2 《马克思恩格斯文集》第9卷，人民出版社2009年版，第153页。
3 《马克思恩格斯文集》第9卷，人民出版社2009年版，第153—154页。

生和发展，要想对资本主义的生产方式展开社会主义
的批判，即证明资本主义生产方式必然会因其自身而
走向灭亡，那只知道资本主义的生产、交换和分配的
形式是不够的。因此，广义政治经济学还要对发生在
这些形式之前的与在比较不发达的国家内和这些形式
同时并存的那些形式，加以同样的研究和比较。而政
治经济学的任务就在于："证明现在开始显露出来的
社会弊病是现存生产方式的必然结果，同时也是这一
生产方式快要瓦解的征兆，并且从正在瓦解的经济运
动形式内部发现未来的、能够消除这些弊病的、新的
生产组织和交换组织的因素。"[1]

　　恩格斯澄清了广义政治经济学与狭义政治经济学
之间的本质区别，广义政治经济学是从历史的发展规
律出发，从资本主义生产方式内部出发，科学论证资
本主义必然灭亡。他据此指出，古典政治经济学是狭
义政治经济学。因为古典政治经济学家正如启蒙学者，
认为"新的科学不是他们那个时代的关系和需要的表
现，而是永恒的理性的表现，新的科学所发现的生产
和交换的规律，不是这些活动的历史地规定的形式的
规律，而是永恒的自然规律；它们是从人的本性中引
申出来的"[2]。

1　《马克思恩格斯文集》第9卷，人民出版社2009年版，第156页。
2　《马克思恩格斯文集》第9卷，人民出版社2009年版，第158页。

《资本论》

此外，恩格斯还论述了生产、交换、分配之间的辩证关系。在政治经济学的研究对象中，生产方式、交换方式、分配方式是辩证统一的，其中起决定作用的是生产方式。生产决定交换，"没有生产，交换——正因为它一开始就是产品的交换——便不能发生"[1]。同时，生产与交换在每一瞬间都相互制约，并相互影响。生产和交换决定分配，但"分配并不仅仅是生产和交换的消极的产物；它反过来也影响生产和交换"[2]。

（2）经济和政治暴力的辩证关系

通过批判杜林的"暴力论"，恩格斯从历史唯物主义的角度阐述了经济和政治暴力的辩证关系。恩格斯认为，不是像杜林以为的那样，可以从政治暴力中找到一切经济现象的根源，反而可以从经济现象中找到一切政治暴力的根源。经济决定了政治暴力，而不是反过来；经济是目的，政治暴力是手段，政治行为为经济目的而服务，而不是反过来。拿鲁滨孙和星期五的例子来说，鲁滨孙对星期五的奴役，只是为了让星期五为他做工，从星期五的劳动中获得好处。政治压迫不是为了政治压迫，而是"达到糊口目的"的手段。

1　《马克思恩格斯文集》第9卷，人民出版社2009年版，第153页。
2　《马克思恩格斯文集》第9卷，人民出版社2009年版，第155页。

恩格斯认为，现实之中的政治暴力必须以一定的经济条件为基础才有可能。如果奴隶制度想要实现的话，必须有劳动资料和生活资料的支撑，还需要生产和财富的积累以及贸易的极大发展去维持，其中，暴力并不会对奴隶制的建立产生根本性影响。古代的原始公社中由于缺少剩余产品的积累而没有发展出奴隶制，只有出现足够的剩余财富才能够支撑起奴隶制。在美国，正是由于种植业生产方式的改变，仍然采取奴隶制的种植园无法产生超额利润从而逐渐消失。因此，恩格斯认为，从历史上来看，无论是在奴隶制的建立还是它的消亡中，政治暴力都算不上决定性的因素。

恩格斯指出，私有制的产生在于生产力的发展，而不是政治的暴力掠夺。暴力掠夺会改变财产的占有状况而不会创造出财产。资本主义的雇佣关系的形成，是商品生产达到一定程度的结果，绝不是暴力的结果。他引用《资本论》中的观点，在商品生产发展到一定的程度以后，"以商品生产和商品流通为基础的占有规律或私有权规律，通过它本身的、内在的、不可避免的辩证法转变为自己的对立物。表现为最初活动的等价物交换，已经变得仅仅在表面上是交换，因为，第一，用来交换劳动力的那部分资本本身只是不付等价物而占有的他人的劳动产品的一部分；第二，这部分资本不仅必须由它的生产者即工人来补偿，而且在补偿时还要加上新的剩余额〈余额〉……最初，在我们看来，所有权似乎是以自己的劳动为基础的……现在〈据马克思分析的结果〉，所有权对于资本家来说，表现为占有他人无酬劳动的权利，而对于工人来说，则表现为不能占有自己的产品。所有权和劳动的分离，成了似乎是一个以它们的同一性为出发点的规律的必然结果"[1]。

（3）价值论

在反对杜林对价值的五种混乱解释中，恩格斯为我们介绍了马克思的价值理论。商品的价值，来自凝结在商品中无差别的人类劳动。而劳动本身不是商品，作为价值的来源，它本身没有价值。然而人的劳动能力由于它的特性——提供劳动——而能成为商品并具有价值。劳动力的价值同样由生产或再生产它的社会必要劳动时间决定，也就是生活资料的价值。因此，劳动力所创造的与它所消耗的不是同一个东西。它消耗了生活资料，创造了具有价值的商品。消耗生活资料的部分由资本家支付的工资负担，而创造的商品被资本家拿走。因此劳动者所付出的和他所获得的是不对等的。如果工人每天生产 12 个小时的产品，而只需消费掉 6 个小时的产品价值量的生活资料，那就会有 6 个小时无偿的剩余劳动给资本家，这 6 个小时无

1　《马克思恩格斯文集》第9卷，人民出版社2009年版，第170页。

偿的剩余劳动所产生的价值就是剩余价值。

恩格斯提到，现代资本主义的生产方式和占有结构，就是在马克思发现的这个剩余价值中建立起来的。剩余价值有几种表现形式，利息、利润和地租。直接剥削工人的资本家所获得的并不是工人们所生产的全部的剩余价值，而是与其他的资本家、土地所有者一起瓜分这个剩余价值，因此，剩余价值才会表现出利息、利润和地租的差别形式。利润的部分，是资本家出卖产品减去成本之后获得的部分。由于剩余价值来自无偿的劳动，资本家出售商品的价格总是能高于实际生产它所消耗的费用从而获利。地租则是整个劳动产品价值中减去劳动者购买生活必需资料的部分。

关于货币与资本的关系，恩格斯这样给出说明，剩余劳动的出现，并不会产生资本。在历史上，剩余劳动早就出现了，而资本却在15、16世纪才普遍起来，资本是在剩余劳动的产品成为有剩余价值的商品之后，在生产资料的所有者找到了自由的劳动者并为生产商品而剥削他们的时候才会产生。货币也只有在为了获得剩余价值而增殖的时候，才转变为资本。

5. 科学社会主义的正确阐发

（1）空想社会主义何以空想？

在"历史"一章中，恩格斯考察了资本主义的发展历史以及圣西门、傅立叶和欧文的社会主义思想。恩格斯指出，空想社会主义的产生具有其历史必然性。

首先，社会主义理论的诞生具有历史必然性。因为由"理性的胜利"建立起来的新的社会制度和政治制度存在种种弊病，与启蒙思想家描绘的美好世界相差甚远。无休止的战争、资本的竞争和对劳动群众的剥削与奴役，使得永久和平与幸福成了笑话。正是在这样的历史背景下，圣西门、傅立叶和欧文敏锐地嗅到了阴谋的味道，指出隐藏在社会生活之下的矛盾并追求改革。

其次，空想社会主义之所以空想，也具有历史必然性，这是由其创始人所处的社会历史条件决定的。19世纪初，当圣西门、傅立叶和欧文提出各自的社会主义构想时，资本主义生产并不发达，资本主义生产方式以及资产阶级和无产阶级的对立还很不发展。

法国资产阶级革命

由于新的社会制度所产生的冲突才刚刚开始，矛盾尚处于萌芽阶段，所以解决冲突的手段就更是处于萌芽状态了，创始人无法从他们的现实历史中寻找解决冲突的手段，因而只能求助于理性。"这种历史情况也决定了社会主义创始人的观点。不成熟的理论，是同不成熟的资本主义

克劳德·昂利·圣西门（1760—1825），法国伯爵，19世纪初叶杰出的思想家，马克思、恩格斯把他同傅立叶、欧文并列为三大空想社会主义者。主要著作有《一个日内瓦居民给当代人的信》

夏尔·傅立叶（1772—1837），法国哲学家、思想家、经济学家、空想社会主义者。主要著作有《关于四种运动和普遍命运的理论》《宇宙统一论》《新的工业世界和协作的世界》等

罗伯特·欧文（1771—1858），英国空想社会主义者，企业家、慈善家，现代人事管理先驱。1800—1828年间，欧文在苏格兰自己的几个纺织厂内进行了空前的试验，被称为"现代人事管理之父"。主要著作有《新社会观》《新道德世界书》

生产状况、不成熟的阶级状况相适应的。解决社会问题的办法还隐藏在不发达的经济关系中，所以只有从头脑中产生出来。"[1]

在恩格斯看来，空想社会主义者的理论构想具有形而上学性质是情有可原的，因为他们所处的历史阶段决定了他们还不能求助于同时代的历史。与此相比，杜林在资本主义已经相当发达了的时代，仍然妄图从头脑中的理性原则出发，构建所谓"新的共同社会结

---

[1] 《马克思恩格斯文集》第9卷，人民出版社2009年版，第274页。

构"，这就显得不可理喻和不能原谅了。

（2）科学社会主义何以科学？

英国工业革命后的
纺织厂

1875 年的欧洲工厂

托拉斯帝国主义（漫画）

在"理论"这一章里，恩格斯阐明了社会主义从空想到科学的两大基础，即唯物主义历史观和剩余价值理论。"这两个伟大的发现——唯物主义历史观和通过剩余价值揭开资本主义生产的秘密，都应当归功于马克思。由于这两个发现，社会主义变成了科学……"[1]

首先，恩格斯指出了唯物主义历史观的原理，阐明了唯物主义历史观是科学社会主义的理论基础。"生产以及随生产而来的产品交换是一切社会制度的基础；在每个历史地出现的社会中，产品分配以及和它相伴随的社会之划分为阶级或等级，是由生产什么、怎样生产以及怎样交换产品来决定的。"[2]因此，社会变革的终极原因和手段，都不应该到人们头脑中的真理和理性中去寻找，而要到社

1　《马克思恩格斯文集》第9卷，人民出版社2009年版，第30页。
2　《马克思恩格斯文集》第9卷，人民出版社2009年版，第283—284页。

会生产方式和交换方式的变化中去寻找。对现存制度
的不合理和不公平的日益清醒的认识，正表明：随着
社会历史的发展，生产方式和交换方
式已经悄悄发生了变化，从而适合于
早先的经济条件的社会制度已经不
再和这些变化相适应了。

1831 年法国里昂工
人起义

其次，恩格斯分析了资本主义
的基本矛盾，即社会化的生产和生产
资料私人占有之间的矛盾；揭示了科
学社会主义的历史必然性，即资本主
义的基本矛盾决定了资本主义必然
灭亡，社会主义必然胜利。通过对历
史的观察，恩格斯指出，随着分工的
发展，生产方式发生了变化，社会化
生产占据主导地位。但是，在生产资
料的占有形式上，社会化的生产仍然
服从于以私人生产为前提的生产资
料私人占有形式。恩格斯认为，"新
的生产方式越是在一切有决定意义
的生产部门和一切在经济上起决定

英国宪章运动

1844 年德国西里西
亚纺织工人起义

作用的国家里占统治地位，并从而把个体生产排挤到
无足轻重的残余地位，社会化生产和资本主义占有的
不相容性，也必然越加鲜明地表现出来"[1]。这就是

1　《马克思恩格斯文集》第 9 卷，人民出版社 2009 年版，第 287 页。

资本主义的基本矛盾，即生产的社会化和生产资料的资本主义占有之间的矛盾。这一矛盾一方面表现为无产阶级和资产阶级的对立，另一方面表现为个别工厂中生产的组织性和整个社会中生产的无政府状态之间的对立，二者相互作用，促使矛盾不断升级。而当这些冲突发展到顶点，"生产方式起来反对交换方式，生产力起来反对已经被它超过的生产方式"[1]。这样，在政治上必然会激化无产阶级的革命斗争，在经济上必然导致经济危机的周期性爆发，结果必然会导致资本主义的灭亡，社会主义的胜利。

再次，恩格斯论述了社会主义的基本特征。一是生产的高度发展，以及无产阶级取得国家政权。"无产阶级将取得国家政权，并且首先把生产资料变为国家财产。但是这样一来它就消灭了作为无产阶级的自身，消灭了一切阶级差别和阶级对立，也消灭了作为国家的国家。"[2]而社会阶级的消灭是以生产的高度发展阶段为前提的，在这个阶段上，某一特殊的社会阶级对生产资料和产品的占有，从而对政治统治、教育垄断和精神领导的占有，不仅成为多余的，而且成为经济、政治和精神发展的障碍。二是生产资料的社会所有，导致商品生产的消除，以及随之而来的产品

1　《马克思恩格斯文集》第9卷，人民出版社2009年版，第293页。
2　《马克思恩格斯文集》第9卷，人民出版社2009年版，第297页。

对生产者的统治的消除。社会生产内部的无政府状态将为有计划的自觉的组织所代替，生产斗争停止了。三是人脱离动物界，进入真正的人的生存条件，"成为自然界的自觉的和真正的主人"[1]。"至今一直统治着历史的客观的异己的力量，现在处于人们自己的控制之下了。只是从这时起，人们才完全自觉地自己创造自己的历史；只是从这时起，由人们使之起作用的社会原因才大部分并且越来越多地达到他们所预期的结果。这是人类从必然王国进入自由王国的飞跃。"[2]

马克思主义共同创始人——卡尔·马克思与弗里德希·恩格斯的雕像，位于德国柏林市中心施普雷河东岸的亚历山大广场，又名马克思恩格斯广场，是柏林的著名景点

（3）马克思主义的分工理论

在"生产"和"分配"两章中，恩格斯概括并批判杜林的"新的共同社会结构"的全部经济内容，着重探讨了生产中的分工问题和分配中的价值交换问题。

恩格斯先是批判了杜林的庸俗经济学对经济危机的解释。杜林认为，经济危机是由人们落后的消费水平引起的。恩格斯指出，人们的消费水平低并不是资本主义社会才有的特殊现象，而是数千年来经常的历史现象。所以它只是危机产生的一个先决条件，而不

1　《马克思恩格斯文集》第9卷，人民出版社2009年版，第300页。
2　《马克思恩格斯文集》第9卷，人民出版社2009年版，第300页。

是使得危机具有如此这般特殊性的变量。因此，用低
消费水平解释只有在资本主义阶段才愈加频发和严重
的经济危机是不合理的。恩格斯认为，资本主义社会
条件下，商品生产的过剩才是引发新的危机的特殊原
因，而引起生产过剩的原因，则是资本主义生产的无
计划性，这种无计划性主要表现在私人企业的无计划
地增加上。

　　接着恩格斯详细分析了分工问题。首先，分工是
一切生产的基本形式。"到目前为止的一切生产的基
本形式是分工，一方面是社会内部的分工，另一方面
是每一单个生产机构内部的分工。"[1]其次，在生产
自发地发展起来的一切社会中，分工是生产资料奴役
生产者的手段。"在生产自发地发展起来的一切社会
中（今天的社会也属于这样的社会），不是生产者支
配生产资料，而是生产资料支配生产者。"[2]这样的
分工导致了两个问题。一是社会化大分工导致了城市
与乡村的分离。这一分离"立即使农村居民陷于数千
年的愚昧状况，使城市居民受到各自的专门手艺的奴
役。它破坏了农村居民的精神发展的基础和城市居民
的肉体发展的基础"[3]。二是生产机构内部为了提高
效率而进行的分工导致"劳动被分割了，人也被分割

1　《马克思恩格斯文集》第9卷，人民出版社2009年版，第306页。
2　《马克思恩格斯文集》第9卷，人民出版社2009年版，第308页。
3　《马克思恩格斯文集》第9卷，人民出版社2009年版，第308页。

了"[1]。劳动活动局限于单调地机械地终身重复同一的动作，从事这种劳动的人被终身束缚在某道工序或局部机器之上，成为机器的单纯附属品，从而丧失了接触全面性的实践活动而全面发展的可能性。不仅工人被奴役，就连资本家、律师以及其他一切有教养的人都为片面性和局限性所奴役。因此，恩格斯认为，旧的分工必须被废除。

1888 年的恩格斯

那么，分工的废除何以可能？城市与乡村的对立如何消除？人的全面的发展何以实现？恩格斯认为，进入社会主义阶段之后，即"当社会成为全部生产资料的主人，可以在社会范围内有计划地利用这些生产资料的时候，社会就消灭了迄今为止的人自己的生产资料对人的奴役"[2]。这时，新的生产组织，代替了旧的生产方式和旧的分工。"在这样的组织中，一方面，任何个人都不能把自己在生产劳动这个人类生存的必要条件中所应承担的部分推给别人；另一方面，生产劳动给每一个人提供全面发展和表现自己的全部能力即体力和智能的机会，这样，生产劳动就不再是奴役人的手段，而成了解放人的手段，因此，生产劳动就从一种负担变成一种快乐。"[3]

1　《马克思恩格斯文集》第 9 卷，人民出版社 2009 年版，第 308 页。
2　《马克思恩格斯文集》第 9 卷，人民出版社 2009 年版，第 310 页。
3　《马克思恩格斯文集》第 9 卷，人民出版社 2009 年版，第 310—311 页。

　　恩格斯接着谈到，进入社会主义生产阶段不是幻想、愿望，而是必将实现的现实。一方面，随着机器大工业时代的进一步发展，年轻人学会使用机器的时间越来越短，不再需要专门的机器工人，资本主义生产旧的分工和专门化变得越来越多余，这样机器生产本身就会起来反对资本主义生产。"大工业的本性决定了劳动的变换、职能的更动和工人的全面流动性……劳动的变换……作为不可克服的自然规律……为自己开辟道路……承认劳动的变换，从而承认工人尽可能多方面的发展是社会生产的普遍规律，并且使各种关系适应于这个规律的正常实现。用……全面发展的个人，来代替只是承担一种社会局部职能的局部个人。"[1]另一方面，资本主义必然造成大城市，而每个工业资本家又总是力图离开大城市，迁移到农村地区经营，这是现代工业的矛盾。想要解决这一矛盾必须"消灭现代工业的资本主义性质……按照一个统一的大的计划协调地配置自己的生产力"[2]。所以，"从大工业在全国的尽可能均衡的分布是消灭城市和乡村分离的条件这方面来说，消灭城市和乡村的分离也不是什么空想"[3]。

1　《马克思恩格斯文集》第9卷，人民出版社2009年版，第312页。
2　《马克思恩格斯文集》第9卷，人民出版社2009年版，第313页。
3　《马克思恩格斯文集》第9卷，人民出版社2009年版，第314页。

五、《反杜林论》不可磨灭的
真理光辉

　　《共产党宣言》面世之后，随着欧洲革命和巴黎
公社运动的爆发，马克思主义在欧洲工人中间进一步
传播，逐渐成为欧洲工人运动的指导思想。但由于巴
黎公社运动的失败，社会主义党派在面对资本主义社
会所出现的新情况时出现了斗争路线上的分歧，工人
运动出现分化，加之某些不怀好意的野心家趁机大肆
宣传其不切实际的主张，导致社会主义运动出现了思
想混乱的局面。欧根·杜林便是其中最突出、最具有
代表性的一位，他的《马克思〈资本论·政治经济学
批判〉》《国民经济学及社会主义批判史》《国民经
济学及社会经济学教程，兼论财政政策的基本问题》
《哲学教程——严格科学的世界观和生命形成》等作
品在工人中产生了很大的影响。他的著作甚至还影响
到了某些工人运动的领袖，产生了极坏的影响甚至危
害。在这一背景下，为了避免刚刚统一思想、完成合
并的德国社会民主党出现混乱分裂的局面，恩格斯决

心放下手中撰写《自然辩证法》的工作，投身反驳杜林学说的任务当中。

　　《反杜林论》的发表在欧洲社会主义运动中产生了巨大且深远的影响，使无产阶级能够更直观地学习到马克思主义的基本原理和方法。《反杜林论》以通俗易懂的语言第一次系统地阐述了马克思主义的复杂理论，在批判杜林的同时构建起马克思主义最为重要的三个组成部分——哲学、政治经济学和科学社会主义，分析了哲学、自然科学和社会科学中的重大问题，推动了马克思主义的体系化、科学化构建。它揭露了杜林在科学谎言之下的拼凑出的小资产阶级的空想社会主义意识形态，重新确立了马克思主义在工人运动和社会主义运动中的指导地位，凝聚了德国工人的力量，维护了社会主义运动思想的统一，以大众化的语言论述了马克思主义的核心内涵，推进了马克思主义的普及和传播。

1. 全面澄清杜林的错误理论

　　《反杜林论》全书约28万字，主要分为"哲学"编、"政治经济学"编和"社会主义"编三个部分，同时收录的还有恩格斯所作的三个版本的序言和"引论"。三个版本的序言分别写作于1878年、1885年和1894年，第一、二版序言阐述了写作《反杜林论》的原因、方法以及传播和再版的情况，第三版的序言主要说明了修改第二编第十章"《批判史》论述"的理由。在"引论"中，恩格斯首先围绕社会主义这一核心概念对其在当代的社会历史条件、历史发展样态作出考察；其次在形而上学与辩证法、唯心主义与唯物主义的比较过程中，论述了唯物史观的形成发展；最后在《欧根·杜林先生许下了什么诺言》中，再现了杜林对莱布尼茨、黑格尔、傅立叶、欧文等人的轻视，描绘出一个又缺乏知识又缺乏素养的"唯一真正的哲学家"

德国特利尔马克思故居纪念馆

的形象。面对这样一位"一切时代最伟大的天才"，恩格斯只能对他的著作和谬论一点一点地进行分析与批判。在正文中，恩格斯分别从哲学、政治经济学和社会主义三方面对杜林的唯心主义哲学、庸俗政治经济学和小资产阶级社会主义进行了全面的清算，进一步实现了对马克思主义的大众化、整体化与系统化构建。

（1）对杜林哲学的清算与对马克思主义哲学的发展

恩格斯对杜林的批判是从哲学开始的。首先，恩格斯从存在论出发，通过对杜林"原则在先"的先验主义最高原则进行批判，阐发了既唯物又辩证的马克思主义哲学的基本观点。杜林认为哲学是把握自然世界和人类社会的最高的思想形式，而这种哲学的内涵规则则是逻辑学。"自然界和历史都有自己的体制和发展。这个体制和发展的本质绝大部分同所有概念的一般逻辑关系是相应的。逻辑学所研究的思维概念的一般特性和关系，也适用于具有特殊标志的情况，它的对象就是包括存在的主要形式在内的全部存在。因为最一般的思维在绝大的程度上是论断[世界上]存在着什么以及它们是如何存在的，所以逻辑的最高原则和主要形式甚至对于所有现实物及其形式来说也都具有决定性的意义。这样，我们就得出了一个逻辑的世界模式论。这个模式论给了形式逻辑的真理以新的特殊的内含和极为深远的意义。"[1]

可以看出，这种"世界模式"是杜林哲学的基础，包含着思维的一切对象。"无所不包的现实的唯一性（它超过了单纯的统一性），同时也包含着这样一种思想：思维的一切对象，都包括在存在的不可分割的体系中。"[2] 此时，存在成了杜林哲学的最高原则。由此我们可以得知，杜林哲学是一种以存在为最高原则的体系哲学，关于自然和人的学说都是由存在演化而来的，世界模式论、自然学说和人的学说在逻辑的

1　杜林：《哲学教程》，郭官义、李黎译，商务印书馆1991年版，第10页。

2　杜林：《哲学教程》，郭官义、李黎译，商务印书馆1991年版，第13页。

串联下共同构成了杜林先验哲学的基本框架。

　　但在恩格斯眼中，杜林所研究的"存在的基本原则"只是一些简单的、终极的真理而非真正的哲学，这些适用于一切存在的基本原则所构成的"世界模式"，只是"原则在先"的唯心主义先验论。恩格斯强调，"原则不是研究的出发点，而是它的最终结果"[1]。杜林将自己的理论体系划分为世界模式论、关于自然原则的学说和关于人的学说，这种使自己哲学体系化的做法完全是对黑格尔的模仿。恩格斯评价道："它把事物完全头足倒置了，从思想中，从世界形成之前就久远地存在于某个地方的模式、方案或范畴中，来构造现实世界，这完全像一个叫做黑格尔的人的做法。"[2]这种做法是"封闭了一切科学走向未来的道路"的"荒唐的想法"。[3]在这里，恩格斯一方面表明了马克思主义对于哲学的基本问题的看法，划清了唯物主义与唯心主义的界限，另一方面批判了传统体系哲学的封闭特点，为马克思主义哲学实现以实践为基础的哲学革命开辟了道路。

　　其次，恩格斯通过对杜林"世界统一于存在"的批判，阐发了"世界的真正的统一性在于它的物质

1　《马克思恩格斯文集》第9卷，人民出版社2009年版，第38页。
2　《马克思恩格斯文集》第9卷，人民出版社2009年版，第38页。
3　参见《马克思恩格斯文集》第9卷，人民出版社2009年版，第40页。

性"这一命题。在杜林的理论中，原则是世界的出发点，原则从思维中产生，并且人类社会和自然界都应适用于这种思维中的哲学原则，哲学要对世界作出解释就不能仅仅停留在思维之上，要从思维之中发现现实。恩格斯指出杜林将"全部关系都颠倒了"，"把事物完全头足倒置了"，原则应该是从现实中抽象而来，是世界的思维形式，是关于自然界和人类社会的意识。思维和意识"都是人脑的产物，而人本身是自然界的产物，是在自己所处的环境中并且和这个环境一起发展起来的……归根到底也是自然界产物的人脑的产物……"[1]

最后，恩格斯在思维与存在关系问题的基础上对杜林静止的时空观、运动观作出深刻批判。杜林颠倒了思维与存在的关系，在思维上出现了混淆，也在物质存在形式的问题上出现了错误，认为时间和空间可以离开物质而存在，物质可以离开运动而存在，将运动视为简单的、静止的机械运动。杜林认为世界就像一个有首项的无限数列，一切因果链条都有一个开端，即有一个终极原因，所以时间便具有了开始，这个时间的开始就成为他追求的终极原因。也就是说，杜林所证明的世界的统一性是他所设定的"世界的开端"

1　《马克思恩格斯文集》第9卷，人民出版社2009年版，第38—39页。

的结果，因为开端的存在，所以统一性才有了证明的可能。但这只是杜林的臆想，"没有一个方向是有终点的，不论向前或向后，向上或向下，向左或向右"[1]。

恩格斯指出，"杜林先生永远做不到没有矛盾地思考现实的无限性。无限性是一个矛盾，而且充满矛盾。无限纯粹是由有限组成的，这已经是矛盾，可是情况就是这样。物质世界的有限性所引起的矛盾，并不比它的无限性所引起的矛盾少，正像我们已经看到的，任何消除这些矛盾的尝试都会引起新的更糟糕的矛盾。正因为无限性是矛盾，所以它是无限的、在时间上和空间上无止境地展开的过程。如果矛盾消除了，那无限性就终结了。"[2]无限之所以成为无限，是因为其内含着矛盾，一旦矛盾消除，无限便不存在了。无限只能通过有限的矛盾加以说明和理解，物质的存在也是在具体和抽象之间的矛盾中得到认识，无限既是存在的具体规定，也是存在的一般说明。

与静止的时空观相匹配的是杜林机械的运动观，杜林提出了他自己构想的"第一推动"。世界本身处于一种静止且稳定的自身等同的状态，处于物质与机械力统一的状态，世界之所以发生运动变化都是由于这种来自外部的"第一推动"。恩格斯一针见血地指

1　《马克思恩格斯文集》第9卷，人民出版社2009年版，第53页。
2　《马克思恩格斯文集》第9卷，人民出版社2009年版，第55页。

出，"自身等同的状态既不是静态的，也不是动态的，既不处在平衡中，也不处在运动中"[1]，"'第一推动'只是代表上帝的另一种说法"[2]。同时恩格斯坚持唯物主义的立场，提出"运动是物质的存在方式。无论何时何地，都没有也不可能有没有运动的物质"[3]，用通俗易懂的语言阐明了马克思主义对物质运动的基本看法：运动是物质的存在方式，任何的静止和平衡只不过是特殊的运动形式或状态。

之后，恩格斯从认识论上批判了杜林的形而上学观点，阐述了唯物主义辩证法的科学思想。他指出，"形而上学的考察方式，虽然在相当广泛的、各依对象性质而大小不同的领域中是合理的，甚至必要的，可是它每一次迟早都要达到一个界限，一超过这个界限，它就会变成片面的、狭隘的、抽象的，并且陷入无法解决的矛盾，因为它看到一个一个的事物，忘记它们互相间的联系；看到它们的存在，忘记它们的生成和消逝；看到它们的静止，忘记它们的运动；因为它只见树木，不见森林。"[4]杜林正是以这种形而上学的思维方式研究哲学，必将导致先验主义的结果。

首先，针对杜林认为人的思维具有"至上的意义"

1　《马克思恩格斯文集》第 9 卷，人民出版社 2009 年版，第 63 页。
2　《马克思恩格斯文集》第 9 卷，人民出版社 2009 年版，第 57 页。
3　《马克思恩格斯文集》第 9 卷，人民出版社 2009 年版，第 64 页。
4　《马克思恩格斯文集》第 9 卷，人民出版社 2009 年版，第 24 页。

和"无条件真理权"的谬论，恩格斯论述了思维的至
上性与非至上性、认识能力的有限性和无限性的辩证
关系。人类的认识能力就其本性、使命和可能性来说
是无限的、至上的，而每个人、每一个群体、每一个
时代的认识，由于受各种社会历史条件的限制，总是
有限的。思维的至上性与非至上性相互联系，构成了
人类认识能力不可分割的两个方面。这也是人类实践
的特性。其次，恩格斯批判杜林关于"永恒真理""终
极真理"的谬论，阐述了绝对真理和相对真理的辩证
关系。杜林认为有永恒真理、终极真理存在，并吹嘘
自己发现了终极真理。恩格斯反对杜林关于"永恒真
理"的说法，认为一切真理都是相对的。所谓真理的
绝对性，是指人类认识能够反映对象、符合对象、揭
示对象的规律。承认真理的绝对性与相对性的统一，
是马克思主义和不可知论的区别。但由于具体的认识
总是有局限性的，所以绝对的、无条件的真理在现实
中是不存在的。紧接着，恩格斯批判了杜林把真理和
谬误对立起来的观点，阐明了真理和谬误的辩证关系。
恩格斯承认了真理与谬误的对立，但这种对立只是在
有限的领域内才具有绝对的意义，即二者的对立是需要
条件的。如果条件变化了，超出了一定的范围，真理和
谬误就会互相转化，即真理转为谬误，谬误转为真理。

　　恩格斯强调，马克思主义认为物质是意识的基础，
绝不意味着否认主体在认识中的能动作用，而是主张

把这种能动作用建立在辩证唯物主义的基础之上。恩格斯认为，"自由不在于幻想中摆脱自然规律而独立，而在于认识这些规律，从而能够有计划地使自然规律为一定的目的服务"[1]，自由建立在对物质世界规律的认识之上，"意志自由只是借助于对事物的认识来作出决定的能力"[2]。

（2）对杜林庸俗经济学的清算与对马克思主义的坚守

恩格斯以马克思在《资本论》等相关著作中阐述的经济理论为基础，重点论述了政治经济学的研究对象和研究方法，批判了杜林粗陋的经济学理论，巩固了马克思劳动价值论和剩余价值论的地位。恩格斯指出，"政治经济学，从最广的意义上说，是研究人类社会中支配物质生活资料的生产和交换的规律的科学"，"本质上是一门历史的科学"。[3]生产、交换、分配是随着历史的发展而产生的，是社会历史发展的产物，同时也会随着社会生产方式的改变而改变。当生产力发展、生产方式改变时，交换方式和分配方式也会发生变化。

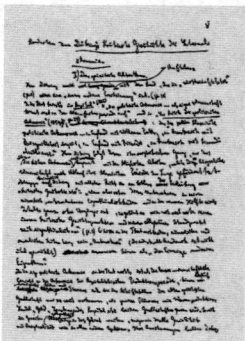

马克思为《反杜林论》写的《评杜林〈国民经济学批判史〉》手稿第一页

---

1 《马克思恩格斯文集》第9卷,人民出版社2009年版,第120页。
2 《马克思恩格斯文集》第9卷,人民出版社2009年版,第120页。
3 参见《马克思恩格斯文集》第9卷,人民出版社2009年版,第153页。

杜林依据他的哲学思想，将经济学问题的解决诉诸永恒的自然规律、世界的终极真理，而在具体问题上把古典政治经济学中的各种概念混为一谈。杜林将生产、交换和流通三个概念互相套用，将产品的生产过程等同于流通过程，将生产与交换两个概念合并在"生产"之下，同时将这个"生产"与"分配"并列，把"分配"完全排除于生产之外从而成为一个毫无联系的过程。他谈到，"分配就其决定性的特点而言，总是某一个社会的生产关系和交换关系以及这个社会的历史前提的必然结果，只要我们知道了这些关系和前提，我们就可以确切地推断出这个社会中占支配地位的分配方式"[1]。在此基础上，恩格斯指出了生产、交换、分配之间的辩证关系："随着历史上一定社会的生产和交换的方式和方法的产生，随着这一社会的历史前提的产生，同时也产生了产品分配的方式方法。"[2]

杜林还混淆了价值与价格的概念，认为"价值是经济物品和经济服务在交往中所具有的意义"[3]，即是说价值可以与价格画等号，价值就是价格。恩格斯指出，这就意味着同一价值会具有不同的价格，所以价值也分为多种，也就是杜林所说的"五种价值"：

1　《马克思恩格斯文集》第9卷，人民出版社2009年版，第160页。
2　《马克思恩格斯文集》第9卷，人民出版社2009年版，第154页。
3　转引自《马克思恩格斯文集》第9卷，人民出版社2009年版，第194页。

"来自自然界的生产价值"、"人的劣根性所创造的分配价值"、"由劳动时间计量的价值"、"由再生产费用计量的价值"以及"由工资计量的价值"。恩格斯指出这五种价值不过是虚假的概念，早已经被马克思的剩余价值论揭穿："商品的价值是由体现在商品中的社会必要的、一般人的劳动决定的，而劳动又由劳动时间的长短来计量。劳动是一切价值的尺度，但是它本身是没有价值的。"[1] 在此基础上，恩格斯进一步批判了杜林的等价学说，说明了简单劳动与复杂劳动之间的关系，阐述了劳动价值论的具体观点。"但是劳动是一切价值的创造者。只有劳动才赋予已发现的自然产物以一种经济学意义上的价值。价值本身不过是对象化在某个物品中的、社会必要的人类劳动的表现。所以劳动不能有任何价值。"[2]

最后，恩格斯对于杜林向马克思剩余价值论发起的诽谤和挑衅予以反击。恩格斯指出杜林根本无法理解马克思的剩余价值论，所以实际上就是凭着主观臆想来任意曲解马克思的理论，杜撰出"资本是由货币产生的"[3] 这样一些根本不属于马克思的观点，这是庸俗经济学的表现。恩格斯指出，"在马克思关于商

1　《马克思恩格斯文集》第9卷，人民出版社2009年版，第199—200页。

2　《马克思恩格斯文集》第9卷，人民出版社2009年版，第208页。

3　转引自《马克思恩格斯文集》第9卷，人民出版社2009年版，第210页。

品流通过程赖以进行的各种经济形式的分析中，货币是作为最后的形式而产生的。'商品流通的这个最后产物是资本的最初的表现形式……经过一定的过程，这个货币就转化为资本。'"[1] 杜林还声称，马克思的剩余价值"无非就是人们通常所说的资本赢利或利润的东西"[2]。但实际上，"马克思一有机会就提醒读者注意，决不要把他所说的剩余价值同利润或资本赢利相混淆，后者只是剩余价值的一种派生形式，甚至常常只是剩余价值的一小部分。"[3] 依马克思的剩余价值理论来看，"资本主义生产的内在规律在资本的外部运动中作为竞争的强制规律发生作用，并且以这种形式成为单个资本家意识中的动机；所以，只有了解了资本的内在本性，才能对竞争进行科学的分析"[4]。对于杜林而言，这是难以理解的，因为他不能正确看待竞争在资本生成和运行中的重要作用，只能通过"暴力"来说明利润的形成和资本的产生。实际上，杜林只是在以他自己的方式来"复述"马克思的《资本论》，以自己的先验哲学来歪曲马克思的剩余价值论。

1　《马克思恩格斯文集》第 9 卷，人民出版社 2009 年版，第210—211 页。
2　《马克思恩格斯文集》第 9 卷，人民出版社 2009 年版，第 220 页。
3　《马克思恩格斯文集》第 9 卷，人民出版社 2009 年版，第 221 页。
4　《马克思恩格斯文集》第 9 卷，人民出版社 2009 年版，第222—223 页。

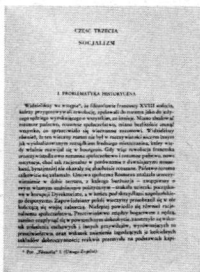

《反杜林论》德文版
第三编"社会主义"
（波兰华沙出版社，
1949 年）

（3）对杜林"新的共同社会结构"的批
判与对科学社会主义理论的论述

恩格斯在《反杜林论》第三编中回顾了
社会主义的历史发展，以此揭露了杜林的无
知，批判了其所提出的"新的共同社会结构"
的规划，同时在此基础上对科学社会主义进行
了全面阐释与深化。

恩格斯对杜林在社会主义发展历史上所表现出的
无知表示惊讶，但也因此理解了他为什么会忽视社会
历史发展的事实，将社会的规则诉诸"最后的理性"。
恩格斯嘲笑这样的他"只不过是空想主义者的模仿者，
最新的空想主义者"[1]。杜林成为他所批判的空想社
会主义者，但是空想社会主义者并不是如杜林所认为
的一无是处，恩格斯指出空想社会主义者受限于时代，
不能超出旧时代的现实存在，所以只能在思维中构想
未来社会主义的样态。"解决社会问题的办法还隐藏
在不发达的经济关系中，所以只有从头脑中产生出
来。……这种新的社会制度是一开始就注定要成为空
想的，它越是制定得详细周密，就越是要陷入纯粹的
幻想。"[2]正如马克思在《路易·波拿巴的雾月十八日》
中开篇所言的那样，"黑格尔在某个地方说过，一切

---

[1]　《马克思恩格斯文集》第9卷，人民出版社2009年版，第283页。
[2]　《马克思恩格斯文集》第9卷，人民出版社2009年版，第274页。

伟大的世界历史事变和人物，可以说都出现两次。他忘记补充一点：第一次是作为悲剧出现，第二次是作为笑剧出现"[1]。

在批判了杜林对社会主义发展历史的无知后，恩格斯从科学社会主义的理论基础、实现的必然性以及未来社会主义社会的基本特征这三个方面对科学社会主义进行了详细论述。

恩格斯强调，唯物史观是科学社会主义的理论基础，唯物史观指出"一切社会变迁和政治变革的终极原因，不应当到人们的头脑中，到人们对永恒的真理和正义的日益增进的认识中去寻找，而应当到生产方式和交换方式的变更中去寻找；不应当到有关时代的哲学中去寻找，而应当到有关时代的经济中去寻找"[2]。单纯的抽象和思辨以及像空想社会主义者那样在思想中寻找社会主义的未来是徒劳的，甚至是有害的。要想探寻时代的秘密，必须深入社会发展的现实之中，也就是在社会历史中寻找。"用来消除已经发现的弊病的手段，也必然以或多或少发展了的形式存在于已经发生变化的生产关系本身中。这些手段不应当从头脑中发明出来，而应当通过头脑从生产的现成物质事实中发现出来。"[3]要想克服资本主义社会

1　《马克思恩格斯文集》第2卷，人民出版社2009年版，第470页。
2　《马克思恩格斯文集》第9卷，人民出版社2009年版，第284页。
3　《马克思恩格斯文集》第9卷，人民出版社2009年版，第284页。

的弊端，探究社会主义的未来，必须以现实的资本主义制度和资本主义生产方式为基础，首先就是要在思想中正确全面地认识现实社会，在社会历史的发展过程中寻找答案。

随后，恩格斯对资本主义社会的产生和发展过程进行了剖析。资本主义制度诞生于封建社会之中，它的出现"已经包含着现代的一切冲突的萌芽"，也就是"社会化生产和资本主义占有的不相容性"。[1]封建社会当中，小农经济和城市手工业是整个社会的主要生产方式，在这种生产形式下，劳动资料的占有者通常就是劳动产品的生产者，也是劳动产品的所有者。到了资本主义大工业生产的情况下，"劳动资料的占有者还继续占有产品，虽然这些产品已经不是他的产品，而完全是别人劳动的产品了。这样，现在按社会化方式生产的产品已经不归那些真正使用生产资料和真正生产这些产品的人占有，而是归资本家占有。生产资料和生产实质上已经社会化了"[2]。商品的生产者丧失了商品的所有权，丧失了对自己社会关系的控制权，随着这种生产方式的发展，"社会化生产和资本主义占有的不相容性，也必然越加鲜明地表现出来"[3]。这种社会化生产与资本主义占有间的矛盾是

1　参见《马克思恩格斯文集》第 9 卷，人民出版社 2009 年版，第 287 页。

2　《马克思恩格斯文集》第 9 卷，人民出版社 2009 年版，第 287 页。

3　《马克思恩格斯文集》第 9 卷，人民出版社 2009 年版，第 287 页。

资本主义的基本矛盾，而这种矛盾直接表现为"无产阶级和资产阶级的对立"与"个别工厂中生产的组织性和整个社会中生产的无政府状态之间的对立"。资本主义社会便在这两个矛盾的推动下形成了周期性的经济危机。"在危机中，社会化生产和资本主义占有之间的矛盾剧烈地爆发出来。商品流通暂时停顿下来；流通手段即货币成为流通的障碍；商品生产和商品流通的一切规律都颠倒过来了。经济的冲突达到了顶点：生产方式起来反对交换方式，生产力起来反对已经被它超过的生产方式。"[1]危机的爆发表明资本主义无力控制这种生产力，但是生产力的奔涌却要求资本主义消除这一矛盾，实现自己的解放。"当人们按照今天的生产力终于被认识了的本性来对待这种生产力的时候，社会的生产无政府状态就让位于按照社会总体和每个成员的需要对生产进行的社会的有计划的调节。"[2]所以社会主义战胜资本主义，资本主义制度被社会主义制度所取代是历史的必然，当实现社会制度的转化时，新的生产方式要求"使生产、占有和交换的方式同生产资料的社会性质相适应"[3]。

"资本主义的占有方式，即产品起初奴役生产者而后又奴役占有者的占有方式，就让位于那种以现代

---

1 《马克思恩格斯文集》第9卷，人民出版社2009年版，第293页。
2 《马克思恩格斯文集》第9卷，人民出版社2009年版，第296页。
3 《马克思恩格斯文集》第9卷，人民出版社2009年版，第295页。

生产资料的本性为基础的产品占有方式：一方面由社会直接占有，作为维持和扩大生产的资料；另一方面由个人直接占有，作为生活资料和享受资料。"[1]但是资本主义社会无法进行这种有效的调节，周期性的经济危机造成了社会的混乱。代表资产阶级利益的统治者在资本的运行规律下将社会的绝大多数人口变为无产阶级，使他们时刻面临死亡的威胁以至于不得不去完成推翻旧制度的工作。所以，"完成这一解放世界的事业，是现代无产阶级的历史使命。深入考察这一事业的历史条件以及这一事业的性质本身，从而使负有使命完成这一事业的今天受压迫的阶级认识到自己的行动的条件和性质，这就是无产阶级运动的理论表现即科学社会主义的任务"[2]。

最后，恩格斯在对杜林关于社会和国家制度未来设想的批判中，以科学社会主义的原则勾勒了未来社会的发展。

在杜林看来，国家要以"个人的主权"为基础，个人权利在以协定、契约为联系的多数人统治之下可以得到应有的维护，以至于能达到"全盛状态"。但在恩格斯看来，杜林的想法实际上只是对于卢梭和黑格尔观点的调和。在杜林的世界中，宗教、家庭和教

1　《马克思恩格斯文集》第9卷，人民出版社2009年版，第296页。
2　《马克思恩格斯文集》第9卷，人民出版社2009年版，第300页。

育是重点关注对象。杜林认为，"在自由的社会里，不可能有任何膜拜；因为每个社会成员都克服了幼稚的原始的想象"[1]。杜林禁止了宗教，但是没有禁止宗教的产生。"一切宗教都不过是支配着人们日常生活的外部力量在人们头脑中的幻想的反映"[2]，杜林看似禁止了宗教，但是并不能消除宗教产生的根源。从自然神到一神教再到民族神，宗教换了许多形式却一直存在，就是因为其事实基础的存在。恩格斯指出，只要人们还处于某种异己的力量的支配之下，"宗教可以作为人们对支配着他们的异己的自然力量和社会力量的这种关系的直接形式即感情上的形式而继续存在"[3]。而这种异己力量的现实情况就是"自己所创造的经济关系、自己所生产的生产资料"，就是自己所创造的资本主义制度。归根到底，宗教的消亡不在于思维中的宗教的消亡，而在于消灭宗教所反映的现实，在于对资本主义的扬弃。

在关注了宗教后，杜林的视角转移到家庭和教育上。家庭是人作为社会主体存在的第一个环境，通过家庭和教育的改变就可以改变生产方式，以"社会的生产方式去代替资本主义的生产方式"[4]。而"'每

1　转引自《马克思恩格斯文集》第 9 卷，人民出版社 2009 年版，第 333 页。

2　《马克思恩格斯文集》第 9 卷，人民出版社 2009 年版，第 333 页。

3　《马克思恩格斯文集》第 9 卷，人民出版社 2009 年版，第 334 页。

4　《马克思恩格斯文集》第 9 卷，人民出版社 2009 年版，第 335 页。

一个社会改良幻想家，自然事先备有和他的新的社会生活相适应的教育学'"，"他不但为整个'可以预见到的未来'，而且还为过渡时期详尽地制订中小学计划和大学计划"[1]，在这个新的计划之中，最重要的就是新的教育学要求国民学校教授他所推崇的数学。

　　但在恩格斯眼中，杜林的想法简直不值一提。马克思早在《资本论》中便已经提道："由于大工业使妇女、男女少年和儿童在家庭范围以外，在社会地组织起来的生产过程中起着决定性的作用，它也就为家庭和两性关系的更高级的形式创造了新的经济基础。"[2]杜林恰恰把二者的关系颠倒了过来。同时恩格斯指出，尽管杜林认识到了"在社会主义社会中，劳动将和教育相结合，从而既使多方面的技术训练也使科学教育的实践基础得到保障"[3]，但是其本质上没有认识到这种社会主义社会是在历史中形成发展出来的，而不是在意识中展现的。杜林对社会主义的认识源于他对庸俗经济学的脱离实际的运用，其社会主义实际上是保留资本主义的生产方式而消灭资本主义的分配方式的幻想。

　　杜林唯心主义的社会主义只能看到主观的、唯心的、表面的、浅层次的东西，无法深入社会历史之中。

1　《马克思恩格斯文集》第9卷，人民出版社2009年版，第336页。
2　《马克思恩格斯文集》第9卷，人民出版社2009年版，第336页。
3　《马克思恩格斯文集》第9卷，人民出版社2009年版，第339页。

唯物史观坚持以历史的眼光看待社会的发展，坚持站在社会历史的角度，将历史归结到物质的生产方式之上，将生产方式的发展看作生产力发展的产物。

同时，恩格斯科学地分析了社会主义制度的基本特征：第一，"无产阶级将取得国家政权，并且首先把生产资料变为国家财产。但是这样一来，它就消灭了作为无产阶级的自身，消灭了一切阶级差别和阶级对立，也消灭了作为国家的国家"。第二，"社会占有了生产资料，商品生产就将被消除，而产品对生产者的统治也将随之消除。社会生产内部的无政府状态将为有计划的自觉的组织所代替"，但"这种占有只有在实现它的物质条件已经具备的时候，才能成为可能，才能成为历史的必然性"。第三，"通过社会化生产，不仅可能保证一切社会成员有富足的和一天比一天充裕的物质生活，而且还可能保证他们的体力和智力获得充分的自由的发展和运用"。"于是，人在一定意义上才最终地脱离了动物界，从动物的生存条件进入真正人的生存条件。"也就是说，从那时起，人们不再受自然规律的支配，而是完全自觉地创造自己的历史，从而达到"从必然王国进入自由王国的飞跃"。[1]

1　参见《马克思恩格斯文集》第 9 卷，人民出版社 2009 年版，第 297—300 页。

2. 维护了德国工人阶级及其政党的团结

《反杜林论》的发表廓清了杜林主义在工人运动中的不良影响，纠正了德国工人运动中出现的机会主义倾向，指明了德国工人运动的正确的前进方向，将德国社会民主党内各个派别的力量团结在马克思主义的旗帜之下。

19 世纪 70 年代初，德国在威廉一世和俾斯麦政府的领导下，实现了以普鲁士为核心的德意志帝国的统一。相较于英国、法国，德国的现代化进程过于迟缓。在实现民族统一之前，德国是一个分裂的封建农业国，诚如马克思所言，"对当代德国政治状况作斗争就是对现代各国的过去作斗争"[1]。落后的经济无法造就先进的工人阶级，更无法诞生有组织的工人运动。在英国宪章运动、法国巴黎公社等工人运动爆发之后，德国终于发起了自己的工人运动。德意志帝国的建立虽然是资产阶级与封建势力妥协的产物，但也代表着德国资产阶级势力的崛起。伴随着德国资产阶级的发展，资产阶级的唯意志主义、实证主义、新康德主义以及社会改良学说纷纷涌现出来，并不断向社会各阶层扩散。虽然无产阶级伴随着德国资产阶级的迅速发展，也得到了进一步壮大，但由于资产阶级对无产阶

1　《马克思恩格斯文集》第 1 卷，人民出版社 2009 年版，第 7 页。

级在经济上的剥削和思想上的侵蚀，德国的无产阶级政党和工人运动暴露出理论上不成熟的弱点。在这种背景下，杜林在向俾斯麦政府献媚无果后，便开始转向"支持"社会主义，妄图通过加入社会主义阵营来影响工人运动，从而实现他自己的野心。从 1871 年开始，杜林打着"唯一真正的哲学家"的旗号接连发表了《国民经济学及社会主义批判史》《国民经济学及社会主义经济学教程》《哲学教程》三部著作，形成了一个貌似庞大的理论体系，对马克思主义发起进攻。

相较学术气息浓郁的马克思主义，语言包装上更加大众化、思想上也更易被工人阶级理解的杜林主义一出场就获得了相当多的支持。杜林继承了德国传统体系哲学的特点，把自己的理论建成一个囊括政治经济学、社会主义和哲学的体系，将庸俗经济学、机械唯物主义、德国古典哲学和空想社会主义等思想纳入自己麾下。

马克思《法兰西内战》（2018 年版）

这种体系哲学深受德国社会的拥戴，也受到了许多党内人士和工人的欢迎。加之杜林所探讨的"如何批判现实""如何建构新社会主义"等问题都是当时的热点话题，他的思想在当时工人阶级内部产生了不小的影响。伯恩施坦甚至认为杜林"用比马克思的著作易懂得多的语言与形式来叙述社会主义"，"用其他任何人所不及的科学的激进主义补充了马克思，也可以

说继续了马克思"[1]，并且鼓励工人、学生去学习杜
林主义。倍倍尔、恩斯特、莫斯特等人都或多或少受
到了杜林的影响。倍倍尔称其为"一个新的'共产党
人'"，莫斯特称赞他的观点"完全以现实为依据，
仅仅从现实出发得出他的结论"[2]，李卜克内西则认
为他"虽然有些糊涂，但十分诚实，并且坚决站在我
们这一边"[3]。杜林具有煽动性的言论影响了德国的
工人运动，使本就不成熟的工人阶级在思想上出现了
严重的分化。

　　恩格斯正是在这种现实背景下中断了《自然辩
证法》的写作，投入对杜林的批判当中，其主要目的
就是坚定马克思主义在德国工人运动中的指导地位，
团结德国工人阶级，共同对抗资产阶级的压迫。《反
杜林论》通过对杜林的批判，总结了《共产党宣言》
发表以来的工人运动的经验，并以最新的自然科学成
果和大众化的语言详细阐发了《资本论》中深奥的理
论，巩固了马克思主义在德国社会民主党中的指导作

1　中共中央马克思恩格斯列宁斯大林著作编译局国际共运史研
　　究室编：《研究〈反杜林论〉参考史料》，生活·读书·新
　　知三联书店 1980 年版，第 2—3 页。
2　中共中央马克思恩格斯列宁斯大林著作编译局国际共运史研
　　究室编：《研究〈反杜林论〉参考史料》，生活·读书·新
　　知三联书店 1980 年版，第 52 页。
3　中共中央马克思恩格斯列宁斯大林著作编译局国际共运史研
　　究室编：《研究〈反杜林论〉参考史料》，生活·读书·新
　　知三联书店 1980 年版，第 346 页。

用，使之在工人阶级当中得到更好的传播。李卜克内西这样称赞道："自从马克思的《资本论》问世以来，这些收拾杜林的文章是党内涌现出来的最重要的科学著作。从党的利益来说，这部著作也是必要的，因为杜林攻击拉萨尔和马克思——我们党的科学基础首先应当归功于这两个人——就是攻击党本身最核心的本质。这是一个关系到维护我们立足基础的问题。"[1]《反杜林论》对马克思主义思想体系进行了大众化、科学化、系统化的论述，真正推动了马克思主义的发展，散发着真理的光辉。

"理论只要说服人，就能掌握群众；而理论只要彻底，就能说服人"[2]，《反杜林论》直接孕育出《社会主义从空想到科学的发展》这一"科学社会主义的入门"的小册子，并且在工人阶级中广泛传播。在马克思、恩格斯的指导下，德国社会民主党的思想觉悟得到了提高，党内凝聚力得到加强，德国工人运动高涨，德国社会民主党拥有的报纸种类以及印刷数量急剧增加，这表明"德国无产阶级完全能够胜任他们所肩负的临时领导的任务。无论个别领袖犯了什么错误（错误很多，而且又是各种各样的），群众仍然坚决地、毫不动摇地朝着正确的方向前进。他们的坚毅精

1　转引自曼·克利姆《恩格斯文献传记》，中央编译局译，湖南人民出版社 1986 年版，第 475 页。

2　《马克思恩格斯文集》第 1 卷，人民出版社 2009 年版，第 11 页。

神、组织性和纪律性同德国历次资产阶级运动表现得十分突出的软弱无力、犹豫不决、逢迎和胆怯，形成了特别鲜明的对照"[1]。《反杜林论》以朴实的语言阐发马克思主义的基本精神和方法，让德国社会民主党和德国工人阶级认识到了杜林主义的荒谬和虚假，纠正了德国工人运动的错误方向，使德国工人重新团结在了马克思主义的指导下。

3. 系统阐述了马克思主义的基本理论

马克思和恩格斯并不像德国身患"幼稚病"的大学生一样致力于建立自己的哲学体系，相反，他们对于体系哲学嗤之以鼻，但是《反杜林论》在德国工人阶级中受到欢迎的一个重要原因就是它的体系化。"这种新的社会主义理论是以某种新哲学体系的最终实际成果的形式出现的"[2]，所以恩格斯对他的批判"必须联系这个体系来研究这一理论，同时研究这一体系本身"[3]。恩格斯在批判杜林哲学、经济学和社会主义理论的同时，逐渐构建马克思主义的基本框架，将哲学、政治经济学和科学社会主义作为马克思主义三个相互联系、相互补充、紧紧相扣的主要组成部分。

1　《马克思恩格斯全集》第19卷，人民出版社1963年版，第139页。
2　《马克思恩格斯文集》第9卷，人民出版社2009年版，第8页。
3　《马克思恩格斯文集》第9卷，人民出版社2009年版，第8页。

虽然恩格斯在序言中一再强调，《反杜林论》的写作目的"不是以另一个体系去同杜林先生的'体系'相对立"[1]，但是在批判杜林的同时，恩格斯无意中完成了马克思主义体系的构建，使得马克思主义以通俗的语言贯通于各个学科之中。诚如李卜克内西所言，"这种文章肯定是长的，而且必须是长的，因为这是在全面反击杜林在大部头著作中所进行的进攻，并对他的整个体系从哲学、自然科学和经济方面加以批驳。在这方面，恩格斯做得很出色"[2]。

在哲学方面，恩格斯对《共产党宣言》发表以来的自然科学和人类社会发展以及工人运动的经验进行了分析，用大众化的语言论述了马克思主义哲学的一系列基本原理和重要观点，提出了辩证唯物主义的三大基本规律：对立统一规律、质量互变规律及否定之否定规律。同时，恩格斯从历史唯物主义的角度批判了杜林的唯心史观，指出对人类社会发展起决定作用的是经济关系，对人类社会历史的研究不能从脱离社会条件和现实关系的概念出发，而要从人类物质生活的现实条件出发。

在经济学方面，恩格斯坚持和发展了马克思在《资本论》中论述的一系列基本原则，并提出了自己的许

1　《马克思恩格斯文集》第9卷，人民出版社2009年版，第8页。
2　转引自曼·克利姆《恩格斯文献传记》，中央编译局译，湖南人民出版社1986年版，第475页。

多重要思想，其论述涉及政治经济学的对象和方法、政治与经济的关系、劳动价值论、资本与剩余价值论以及地租等重要问题。恩格斯为政治经济学下了经典定义，澄清了"广义"和"狭义"政治经济学的区别，并深入探讨了生产、交换和分配之间的辩证关系，阐明了私有制和资本主义制度产生、发展与消亡的经济基础，强调经济是基础，政治暴力是经济发展的产物，是一定社会历史条件的结果。

在社会主义方面，恩格斯以辩证唯物主义和历史唯物主义为理论根源，在深刻分析资本主义生产方式运动的基础上，阐述了科学社会主义的一系列主要基本原则。恩格斯的讨论涉及资本主义生产方式的矛盾运动、社会主义思想史、科学社会主义的理论基础、共产主义社会的一般特征、劳动分工、价值和金钱、国家、宗教、家庭、婚姻和生育、教育等重要问题。恩格斯科学地评价了 19 世纪三大空想社会主义者的成就，并指出了他们致命的弱点。同时，恩格斯阐明了资本主义生产方式的基本矛盾和基本矛盾的两种表达方式，有力地论述了社会主义取代资本主义的历史必然性，总结了未来社会主义的基本特征。

恩格斯强调，"希望读者不要忽略我所提出的各种见解之间的内在联系"[1]。就是说，虽然恩格斯

1　《马克思恩格斯文集》第 9 卷，人民出版社 2009 年版，第 8 页。

在之前会避免这种体系化和系统化的哲学，但是面对杜林的污蔑，"消极的批判成了积极的批判；论战转变成对马克思和我所主张的辩证方法和共产主义世界观的比较连贯的阐述，而这一阐述包括了相当多的领域"[1]。面对发达的现代自然科学，独立的学科已经无法回答实践所提出的问题，作为科学的世界观，马克思主义就是要运用最新的研究成果和理论，从社会的现实出发，"从自然界中找出这些规律并从自然界出发加以阐发"[2]。

《反杜林论》归纳阐释了马克思主义的三个有机组成部分，阐明三个组成部分的相互关系。哲学是整个马克思主义的世界观和方法论，是马克思主义的基础理论；政治经济学是马克思主义的主要内容，是马克思主义哲学的应用和证明；科学社会主义不仅是马克思主义哲学和政治经济学的应用，也是马克思主义哲学与政治经济学的结合。《反杜林论》的发表既实现了马克思主义的理论化、系统化，也促进了工人阶级对于马克思主义的理解和吸收，推动了德国工人运动的发展与壮大。

1　《马克思恩格斯文集》第9卷，人民出版社2009年版，第11页。
2　《马克思恩格斯文集》第9卷，人民出版社2009年版，第15页。

4. 坚定了马克思主义理论指导的信心

马克思主义自诞生之初，便不停地同各种"主义"、思想进行斗争，马克思主义的发展和传播并不是一帆风顺的。《反杜林论》的发表纠正了德国工人运动中的错误倾向，克服了党内思想和路线上的混乱，坚定了马克思主义理论的指导地位。

19 世纪 70 年代初，在巴黎公社运动的鼓舞和推动下，国际工人运动得到了快速的发展，促进了马克思主义的传播。但是由于各国现实环境的不同和各国工人阶级理论水平的差别，加之部分资产阶级民主派、小资产阶级混入其中，各种思潮在国际工人运动之中纷纷涌现。同时资产阶级统治者对社会运动更加关注，一边采用暴力手段镇压工人运动，一边在思想上利用各种小资产阶级思潮来影响工人运动。年轻的无产阶级受到了形形色色的"主义"的扰乱，其内部形成了不同的派别。1875 年，德国社会民主工党与全德工人联合会在这一背景下合并成德国社会主义工人党，德国社会主义工人党一成立便存在爱森纳赫派和拉萨尔派间的分歧。在合并之初，恩格斯便在给倍倍尔、白拉克和李卜克内西的信中指出：不能在纲领上向拉萨尔派进行妥协，这是德国社会主义向拉萨尔主义的投降，马克思恩格斯"坚决不和他一起走"[1]。合并之后，这种投降主义的倾向更加严重，马克思主义的指导地位产生了动摇。

在这一背景下，杜林的理论在党内引起了很大的争议和思想上的混乱。杜林将自己包装成了一位"力求用比马克思的著作易懂得多的语言与形式来叙述社会主义"[2]的学者。在俾斯麦的铁血政策下，有这样一位双目濒临失明的学者坦率地声称自己是社会主义的支持者，致使党内许多同志甚至领导人成了杜林的信徒，将杜林的理论视为社会主义的可行方案。莫斯特认为杜林是一个有创见的人，他的理论是工人的福音。恩斯特认为，如果党排斥杜林，就是自取灭亡。倍倍尔也被杜林"左"的言语迷惑，一时未认清杜林的本质，因而也热烈地赞扬了杜林的著作。他从狱中寄出了一篇题为《一个新的"共产党人"》的文章称赞

威廉·白拉克(1842—1880)，德国社会民主工党(爱森纳赫派)创建人和领导人之一

杜林，认为杜林的基本观点是出色的，他的著作是继《资本论》之后最优秀的著作。倍倍尔认为，为了党的利益，应当把杜林的著作介绍出来，并加以利用。尽管党内也对杜林批评马克思的言论存在疑惑，也怀

1　《马克思恩格斯全集》第19卷，人民出版社1963年版，第10页。
2　中共中央马克思恩格斯列宁斯大林著作编译局国际共运史研究室编：《研究〈反杜林论〉参考史料》，生活·读书·新知三联书店1980年版，第2—3页。

疑他是一个折中主义者，但是仍将他视为社会主义者，认为"社会主义运动的范围非常广泛，完全可以同时容纳下一个马克思和一个杜林"[1]，这就造成了党内思想上的混乱。一个事实摆在了德国社会民主党面前，就是伯恩施坦指出的，党内"每一个人必须自己弄清楚究竟杜林对马克思的批评有多少是合理的"[2]。尽管他站在杜林的立场上，为杜林辩护，但其目的在于弄清楚"这些批评有多大意义"[3]，这样看来他确实提出了一个十分现实且急迫的问题。

除了党内的思想混乱，杜林主义也在工人阶级之中广泛传播。在党内领导人的支持和鼓励下，许多普通工人去聆听杜林的演讲，学习杜林的理论。杜林采用了通俗、简单的大众化话语来表达自己的思想，使得知识学问不高的工人更易接受，加之党内领导人的鼓励，工人阶级开始纷纷接受杜林的理论，马克思主义在工人阶级中的地位受到了影响，甚至出现了"柏林到处都有杜林的信徒，在有才干的同志中间，也不

1　中共中央马克思恩格斯列宁斯大林著作编译局国际共运史研究室编：《研究〈反杜林论〉参考史料》，生活·读书·新知三联书店 1980 年版，第 2—3 页。

2　中共中央马克思恩格斯列宁斯大林著作编译局国际共运史研究室编：《研究〈反杜林论〉参考史料》，生活·读书·新知三联书店 1980 年版，第 3 页。

3　中共中央马克思恩格斯列宁斯大林著作编译局国际共运史研究室编：《研究〈反杜林论〉参考史料》，生活·读书·新知三联书店 1980 年版，第 3 页。

时听到赞扬杜林的话"[1]的场景。

杜林对马克思的批评看似是社会主义内部的争论，但其实是在"攻击党本身最核心的本质"[2]，因此对于杜林的反击"是一个关系到维护我们立足的问题"。杜林反对马克思主义的理论和行为造成了德国工人运动的混乱，使刚成立的年轻政党面临着党内思想分裂的危险。因此，必须捍卫马克思主义的权威性，肃清党内的错误思想和错误路线，使党重新统一在马克思主义的旗帜之下，使德国工人运动重新走上正轨。《反杜林论》有力地回击了杜林对马克思和马克思主义的质疑，恩格斯在书中"完全以马克思的这个唯物主义哲学为依据，并阐述了这个哲学"[3]。

一方面，恩格斯对马克思主义理论进行了体系化和系统化的阐述，第一次在各个组成部分的内在联系上全面而完整地概述了马克思主义的整个体系。他既揭示了马克思主义的各个组成部分在整个体系中的地位和作用，也阐明了各个部分之间的相互关系，以及它们是怎样构成一个完整的理论体系的。首先，体系化、理论化后的马克思主义更有利于指导德国工人运动，为德国社会民主党领导的工人运动提供了有力的

1 　何健林、牛苏林:《不朽思想的历程——马克思主义哲学史话》，广西人民出版社1991年版，第182页。

2 　曼·克利姆:《恩格斯文献传记》，中央编译局译，湖南人民出版社1986年版，第475页。

3 　《列宁全集》第26卷，人民出版社1988年版，第53页。

理论指导；其次，系统化的马克思主义克服了德国知识分子转向社会主义革命时产生的热衷于创造体系的"幼稚病"，通过对杜林体系的批判扫清了这种伪科学的不良风气；最后，恩格斯用大众化的语言阐释了马克思主义，使普通工人能够更轻松地掌握马克思主义，推动了马克思主义在世界范围内的传播。恩格斯将《反杜林论》里"引论"中的"概论"和"社会主义"编中的"历史""理论"等三章，经过必要的删减和增补后，改编为一篇通俗的介绍科学社会主义的小册子，由拉法格译成法文，以《空想社会主义和科学社会主义》为题发表，在法国获得了极大的成功。后来推出的德文版《社会主义从空想到科学的发展》为了适应德国工人的实际理论水平，用德国的通俗语言加以改编。这种改编推动了马克思主义在工人阶级中的普及，提高了工人阶级的思想觉悟，也促进了马克思主义的传播。

　　《反杜林论》在《前进报》上连载两年之久，恩格斯与杜林的论战也持续了两年。在 1878 年结束刊登时，《前进报》的销量已经比 1876 年增长了七倍之多，无数读者被论战吸引过来，在观看论战的同时也接受了马克思主义的教导。《前进报》的销量增长证明了马克思主义的正确性，正是工人在观看论战之中逐渐理解、认同并信仰马克思主义，才能使报纸在俾斯麦政府高压统治之下广受欢迎。在论战之中消极的批判转变为了积极的批判，恩格斯在完成马克思主义系统化理论化工作的同时，更是实现了马克思主义的大众化，捍卫了马克思主义理论在工人运动中的指导地位。

5. 启发了后来的无产阶级理论家

《反杜林论》的发表不仅为德国社会民主党提供了指导思想，指导了工人运动，更是启发了后世许多重要的无产阶级理论家，为马克思主义的传播和发展奠定了基础，在马克思主义发展史上具有重要地位。

第二国际的理论家最先受到《反杜林论》的启发，正如伯恩施坦所描述的那样："它对当时德国社会民主党理论家的一切著作都产生了重要影响，这些论著皆以它为基础或者属于其派生物。"[1] 德国无产阶级政党的理论家和宣传者纷纷运用《反杜林论》中的基本观点与经典表述，取得了卓有成效的理论成果，极大地彰显了《反杜林论》作为"马克思主义的百科全书"的思想引领作用。梅林的《非理性的理性》在批判瓦格纳错误认识的同时论述了《反杜林论》中的自由与必然的辩证法思想；费舍尔在《马克思的价值论》

---

[1] 转引自杨洪源《恩格斯〈反杜林论〉导读》，人民出版社2020年版，第25页。

中运用辩证法阐述了物质世界当中形形色色的现象的产生条件和发展规律；普列汉诺夫的《无政府主义和社会主义》以恩格斯在《反杜林论》中所阐述的国家观为指导，批判了无政府主义，阐发了国家的历史发展规律；等等。由此可见，《反杜林论》的发表不仅是对杜林唯心主义的批判，更是对马克思主义的详细阐发，为后世马克思主义理论家提供了丰富的思想理论，启发了他们对马克思主义理论的新认识。

列宁对马克思主义的理解直接受到了恩格斯的影响。列宁认为，虽然"恩格斯总是把自己放在马克思之后"[1]，但两人在思想上是总体一致的，"这两位朋友的毕生工作，就成了他们的共同事业"[2]，他们只是学术兴趣和具体分工不同。"在马克思方面，是当代最伟大的政治经济学著作《资本论》，在恩格斯方面，是许多大大小小的作品。马克思致力于分析资本主义经济的复杂现象。恩格斯则在笔调明快、往往是论战性的著作中，根据马克思的唯物主义历史观和经济理论，阐明最一般的科学问题，以及过去和现在的各种现象。"[3]

对于《反杜林论》，列宁称赞道，"马克思和恩格斯最坚决地捍卫了哲学唯物主义，并且多次说明，

1　《列宁全集》第 2 卷，人民出版社 1984 年版，第 10 页。
2　《列宁全集》第 2 卷，人民出版社 1984 年版，第 1 页。
3　《列宁全集》第 2 卷，人民出版社 1984 年版，第 9 页。

一切离开这个基础的倾向都是极端错误的。在恩格斯的著作《路德维希·费尔巴哈》和《反杜林论》里最明确最详尽地阐述了他们的观点，这两部著作同《共产党宣言》一样，都是每个觉悟工人必读的书籍"[1]，《反杜林论》"是一部内容十分丰富、十分有益的书"[2]。列宁的重要文章《马克思主义的三个来源和三个组成部分》更是直接脱胎于《反杜林论》，将马克思主义分成哲学、政治经济学和科学社会主义三个部分，并阐发了其对应的德国古典哲学、英国古典政治经济学和英法空想社会主义的理论来源，确立了哲学、政治经济学和社会主义三个部分在马克思主义理论中的关键地位。并且，列宁提出马克思和恩格斯所做的工作中最为重要的就是"运用唯物主义辩证法从根本上来修改整个政治经济学，把唯物主义辩证法运用于历史、自然科学、哲学以及工人阶级的政治和策略"[3]，肯定了恩格斯写作《反杜林论》的现实意义，将马克思主义理论的根本意义确定为对实践的指导作用，突出了恩格斯对马克思主义发展作出的贡献。

除了列宁，斯大林也受到了恩格斯的影响，他关于"马克思主义就是辩证唯物主义与历史唯物主义"的判断就是在继承了《反杜林论》对马克思主义精确

1　《列宁全集》第 23 卷，人民出版社 1990 年版，第 42 页。

2　《列宁全集》第 2 卷，人民出版社 1984 年版，第 9 页。

3　《列宁全集》第 24 卷，人民出版社 1990 年版，第 276 页。

阐述的基础上提出的。在 20 世纪 30 年代，为了总结苏联社会主义运动经验，也为了提高苏联干部和普通群众的理论水平，斯大林组织编写《联共（布）党史简明教程》，希望能以简明扼要的方式和准确的语言系统地介绍马克思主义基本原理，并由此开创了苏联马克思主义的"教科书体系"。这个"教科书体系"虽然直接来源于列宁的思想，但基本上是对恩格斯《反杜林论》中基本思想、观点的继承和延续。这个"教科书体系"在客观上有利于马克思主义的传播和普及，成为社会主义国家中广大人民群众了解马克思主义理论最直接的方式。

同时，《反杜林论》作为较早被翻译为中文的马克思主义经典著作，对于马克思主义中国化以及指导中国社会主义实践起着重要的作用，影响了我国一批社会主义者。毛泽东很早便阅读过《反杜林论》，并将其视为重要的马克思主义著作，在写作《实践论》和《矛盾论》时就参阅了《反杜林论》，并在文章中多次引用《反杜林论》中的表述。在 1938 年 1 月毛泽东与梁漱溟的交谈中，毛泽东推荐梁漱溟阅读恩格斯的《反杜林论》。列宁指出："马克思和恩格斯的学说不是我们死记硬背的教条。应该把它当做行动的指南。我们一直这样说，而且我认为，我们的行动是适当的，我们从来没有陷入机会主义，而只是改变策略。这决不是背弃学说，决不能叫做机会主义。我以前说过，现在还要再三地说，这个学说不是教条，而是行动的指南。"[1] 这正是《反杜林论》中所极力阐述的马克思主义唯物辩证法的"活的灵魂"，也正是毛泽东所强调的"要认识事物发展的客观规律，必须进行实践，在实践中必须采取马克思主义的态度来进行研究，而且必须经过胜利和失败的比较"[2]。总之，只有在实践之中才能发现真理、认识真理、检验真理。

1　《列宁专题文集·论马克思主义》，人民出版社 2009 年版，第 300 页。
2　《毛泽东文集》第 8 卷，人民出版社 1999 年版，第 104 页。

六、《反杜林论》的现实意义和当代价值

习近平指出："在人类思想史上，就科学性、真理性、影响力、传播面而言，没有一种思想理论能达到马克思主义的高度，也没有一种学说能像马克思主义那样对世界产生了如此巨大的影响。"[1]作为"马克思主义的百科全书"，《反杜林论》不但对于马克思主义的系统化有着重要的理论意义，而且对于世界社会主义运动具有重大的现实意义。今天，《反杜林论》对于深入认知当下世界现状与发展趋势仍然具有重要的现实价值。我们一定要重视学习与研究恩格斯《反杜林论》的思想观点与理论方法，认真把握恩格斯在《反杜林论》中对辩证唯物主义和历史唯物主义的原则坚持与灵活应用，"要按照学懂弄通做实的要求，坚持读原著、学原文、悟原理，深入系统学、及

时跟进学，做到学思用贯通、知信行统一"[1]。只有真正读懂了、读通了《反杜林论》蕴含的马克思主义基本立场、观点与方法，才能真正认识到这一著作的伟大价值，才能推进马克思主义理论的创新与发展。

1. 理解马克思主义理论的最重要文本之一

澄清对马克思主义理论的误解，科学阐明马克思主义理论的核心内容与精神实质，是理解马克思主义理论的正确途径。杜林在《国民经济学及社会主义批判史》《国民经济学及社会经济学教程，兼论财政政策的基本问题》《哲学教程——严格科学的世界观和生命形成》等著作中，全面曲解、污蔑与攻击马克思主义哲学、政治经济学与科学社会主义理论，对马克思主义理论的传播与发展造成了非常消极的影响，在现实中对工人阶级思想认识的发展造成了负面效应。

针对这种状况，恩格斯不得不分析批判杜林对马克思主义的负面影响："这三部八开本的巨著，在外观上和内容上都很有分量，这三支论证大军被调来攻

1　《习近平新时代中国特色社会主义思想三十讲》，学习出版社 2018 年版，第 218 页。

击所有前辈哲学家和经济学家，特别是马克思，其实，就是企图'在科学中'实行一次完全的'变革'——我所要应付的就是这些。"[1] 在具体批判杜林错误思想的同时，恩格斯借此机会对马克思主义进行了系统的阐述与说明，"消极的批判成了积极的批判；论战转变成对马克思和我所主张的辩证方法和共产主义世界观的比较连贯的阐述，而这一阐述包括了相当多的领域"[2]。也就是说，《反杜林论》不仅批判澄清了杜林对马克思主义理论的污蔑，进一步从哲学、政治经济学与科学社会主义等方面详尽地阐明了辩证唯物主义与历史唯物主义的基本原理及其现实运用，系统全面而深入浅出地论述了马克思主义的内容体系及其现实意义。可以说，马克思主义的核心思想在《反杜林论》各部分内容中都得到了具体体现。

在《反杜林论》中，恩格斯针对杜林的哲学、经济学和社会主义理论体系，分别鞭辟入里地进行了揭露和批判。恩格斯进一步以这种批判结构为契机，把哲学、政治经济学和科学社会主义视为马克思主义三个有机的组成部分，并由此全面阐发了马克思主义的精神实质和基本内容：规定了科学的辩证法的基本内容，揭示了三大规律——对立统一规律、质量互变规

1　《马克思恩格斯文集》第3卷，人民出版社2009年版，第500页。
2　《马克思恩格斯文集》第9卷，人民出版社2009年版，第11页。

律、否定之否定规律，发展了马克思主义的内容。可以说，恩格斯的《反杜林论》是对马克思主义理论的进一步总结、概括、深化和发展。恩格斯在《反杜林论》中分析问题所运用的立场、观点和方法，体现了马克思主义的哲学、政治经济学和科学社会主义之间的内在联系，真正体现出马克思主义作为完整科学体系的灵魂所在。将批判杜林转变为"最为详尽的阐述"马克思主义理论，恩格斯的这一思路的转变，使得《反杜林论》成为一部最重要的阐述马克思主义理论的著作。

恩格斯自己也说过，"我的《欧根·杜林先生在科学中实行的变革》和《路德维希·费尔巴哈和德国古典哲学的终结》，我在这两部书里对历史唯物主义作了就我所知是目前最为详尽的阐述"[1]。正是由于能够对马克思主义做出"目前最为详尽的阐述"，所以《反杜林论》在马克思主义发展史上，具有与《共产党宣言》《资本论》同等重要的意义，是理解马克思主义理论的重要文本之一。针对《反杜林论》的这一贡献，马克思曾经指出，恩格斯的这部著作对于工人阶级理解历史唯物主义与科学社会主义理论具有重要的作用，不仅仅是工人阶级，"而且真正有科学知识的人，都能够从恩格斯的正面阐述中汲取许多东

1　《马克思恩格斯文集》第10卷，人民出版社2009年版，第593页。

无产阶级革命家列宁

西"[1]。这些正面的东西对于辨别其他非社会主义思想、正确理解马克思主义理论具有重要意义。正如考茨基所言，"在恩格斯的《反杜林论》出版以后，我们才开始比较深入地探究了马克思主义的思维方式，开始系统地按马克思主义来思考和工作了。从那时起才开始出现了一个马克思主义的学派"[2]。正是在这个意义上，列宁高度肯定了《反杜林论》对于理解马克思主义理论的重要价值，认为恩格斯的《反杜林论》是理解马克思主义的必要资料，如果不深入研读这些著作，"就不可能理解马克思主义，也不可能完整地阐述马克思主义"[3]。

恩格斯与马克思的理论观点具有一致性，但两人对于马克思主义理论的贡献又各有千秋。我们不能忽视恩格斯在马克思主义形成中的重要贡献，不能因为两人思想的一致性而抹杀恩格斯的"独特贡献"，也不能因为强调恩格斯的"独特贡献"而形成"马克思－恩格斯对立论"的错误观点。恩格斯的《反杜林论》与《共产党宣言》《资本论》作为理解马克思主义理论最重要的文本，其思想具有内在的一致性，这种思

1　《马克思恩格斯全集》第34卷，人民出版社1972年版，第242页。
2　曼·克利姆：《恩格斯文献传记》，中央编辑局译，湖南人民出版社1986年版，第477页。
3　《列宁专题文集·论马克思主义》，人民出版社2009年版，第50页。

想一致性在于恩格斯与马克思在创立马克思主义中的分工不同，"马克思致力于分析资本主义经济的复杂现象。恩格斯则在笔调明快、往往是论战性的著作中，根据马克思的唯物主义历史观和经济理论，阐明最一般的科学问题，以及过去和现在的各种现象"[1]。复杂的思想需要简洁明快的语言进行表述，正是在恩格斯深入浅出的阐述中，马克思复杂的思想才能更好地阐述出来并得到更加深入的传播。

体系化、通俗化的《反杜林论》作为"马克思主义的百科全书"，对于全面阐述马克思主义理论具有极为重要的意义，自然成为理解马克思主义的最重要的文本之一。自出版伊始，《反杜林论》的影响力经久不衰，在今天仍有重要的理论价值和指导意义，它系统阐释了马克思主义基本原理和辩证唯物主义的思想方法，为我们深入学习马克思主义的科学内涵提供了范本。

1864年，第一国际成立大会

2. 分析当前资本主义重要的理论武器

马克思对资本主义进行了深入的分析研究，在揭

1　《列宁全集》第2卷，人民出版社1984年版，第9页。

示剩余价值本质的基础上，对资本主义的运行规律进行了科学的说明，而杜林在歪曲马克思资本主义批判理论的前提下，对资本主义的分析是极其错误的。杜林认为，"资本主义的生产方式是很好的，可以继续存在，但是资本主义的分配方式完全不适用，必须消灭掉"[1]。他没有认识到生产方式决定分配方式，不消除资本主义生产方式，又如何消灭掉资本主义分配方式呢？由于杜林误解了马克思的劳动价值论，认为"分配价值"是由暴力产生的，"利润是资本家利用自己的垄断、利用自己手中的利剑逼出来的赋税或加价，是分配价值"[2]，即利润或剩余价值都是靠暴力获取的，只要想办法消灭暴力，资本主义的分配问题就能得到彻底解决。杜林的资本主义理论误读了马克思的资本主义批判思想，曲解了劳动价值论与剩余价值理论，进而对资本主义的生产逻辑产生了错误的认知，这种认知对于当时的社会大众产生了消极的影响，扭曲了当时工人阶级对资本主义生产方式的正确认识，对当时的社会主义运动产生了不良的影响。

针对杜林这种关于资本主义的错误认知，恩格斯在运用历史唯物主义的立

资本家剥削工人剩余价值

1　《马克思恩格斯文集》第9卷，人民出版社2009年版，第194页。
2　《马克思恩格斯文集》第9卷，人民出版社2009年版，第200—201页。

场、观点和方法的基础上，通过批判杜林的资本主义理论，确立了认知资本主义的科学方法，为人们分析批判资本主义提供了重要的理论武器。

关于资本主义，恩格斯指出，尽管它相对封建社会具有历史合理性，是一种更加进步的社会制度，但是并不意味着资本主义就是一种绝对合理的社会形态，"当法国革命把这个理性的社会和这个理性的国家实现了的时候，新制度就表明，不论它较之旧制度如何合理，却决不是绝对合乎理性的"[1]。在资本主义社会中，资本家占有生产资料，工人阶级一无所有，只能出卖自己的劳动力，在社会生产中处于被剥削被压迫地位，由此产生了一系列社会问题。关于如何解决这些社会问题，恩格斯认为依靠杜林所谓的消除暴力来解决社会剥削问题是不现实的，因为暴力从来就不是经济发展的原因，而是经济发展的结果，人类历史上的阶级压迫与剥削应该从生产力与生产关系的矛盾运动中得到说明，"剥削阶级和被剥削阶级、统治阶级和被压迫阶级之间的到现在为止的一切历史对立，都可以从人的劳动的这种相对不发展的生产率中得到说明"[2]。在资本主义社会，正是源于生产社会化与资本主义生产资料私有制之间的矛盾，这种社

1　《马克思恩格斯文集》第9卷，人民出版社2009年版，第272页。
2　《马克思恩格斯文集》第9卷，人民出版社2009年版，第189页。

会矛盾的发展造成了资本主义社会发展的基本问题及其表现形式。

要消除资本主义的社会矛盾与各种问题，必须从基本的社会现实出发，而不能通过头脑的想象来寻找消除资本主义弊端的途径，"用来消除已经发现的弊病的手段，也必然以或多或少发展了的形式存在于已经发生变化的生产关系本身中。这些手段不应当从头脑中发明出来，而应当通过头脑从生产的现成物质事实中发现出来"[1]，即必须从现实的生产力与生产关系之间的矛盾冲突中寻找实现社会正义的终极原因和现实手段。资本主义的剥削和压迫源于现实中资本主义的生产方式，其解决要在现实的物质生产的秘密中寻找答案，其中马克思发现的剩余价值的生产就是揭示资本主义剥削之谜的"钥匙"。

马克思通过剩余价值理论指出，资本家无偿占有工人阶级的剩余价值，并不是通过暴力的政治手段来实现的，而是通过非暴力的经济的方法来实现的。单纯依靠消除暴力手段、实现政治上的平等来消灭资本主义的不平等分配方式，而不去消灭资本主义赖以产生的基础即生产资料私有制，注定不能实现资本主义的分配平等。资本主义的分配方式是与资本主义生产方式有机结合在一起的，杜林所认为的二者可以分

1　《马克思恩格斯文集》第9卷，人民出版社2009年版，第284页。

开的想法是不正确的，因而其依靠废除资本主义分配方式实现社会公平的思想无疑是一种美好的想象。恩格斯指出，必须在解决资本主义经济问题的视域中发现资本主义的本质，以此寻求彻底解决资本主义社会问题的科学途径。而马克思在政治经济学批判过程中，通过深入分析资本主义的社会矛盾，通过剩余价值的产生来论证资本主义生产方式的运动规律，真正揭示了资本主义生成、发展和消亡的规律，"一方面应当说明资本主义生产方式的历史联系和它在一定历史时期存在的必然性，从而说明它灭亡的必然性；另一方面应当揭露这种生产方式的一直还隐蔽着的内在性质"[1]。

剩余价值是资本主义存在与发展的"核心秘密"，只有揭露了剩余价值问题才能够使对资本主义的认知科学化，才能正确解答资本主义发展中的诸多基本问题及其表现形式，才能发展资本主义的替代形式即社会主义制度。马克思主义的社会主义理论牢牢地立足于现实，"这个问题的解决是马克思著作的划时代的功绩。这个问题的解决使明亮的阳光照进了经济学的各个领域……科学社会主义就是以这个问题的解决为起点，并以

《剩余价值理论》
（1975 年版）

1　《马克思恩格斯文集》第9卷，人民出版社2009年版，第30页。

此为中心的"[1]。

"由于马克思以这种方式说明了剩余价值是怎样产生的，剩余价值怎样只能在调节商品交换的规律的支配下产生，所以他就揭露了现代资本主义生产方式以及以它为基础的占有方式的机制，揭示了整个现代社会制度得以确立起来的核心。"[2] 只要资本主义本质未变，剩余价值既是资本主义生产方式运行的核心，也是科学认识资本主义本质的根本逻辑。

资本主义社会发展到今天，与马克思恩格斯生前所处的现实状况相比已经发生了重大的变化，但是资本主义的核心逻辑没有发生变化，剩余价值生产与实现仍然是当今资本主义的核心内容。不管是当今世界所谓的表征现代资本主义新变化的"技术资本主义""空间帝国主义""金融资本主义""灾难资本主义""债务资本主义""文化资本主义"等各种形式，还是批判当代资本主义内在矛盾的各种理论思潮，如市场社会主义、女权社会主义、历史学派马克思主义、日常生活学派的马克思主义、后现代主义、依附理论、世界体系论、全球化理论等，都不可能脱离资本主义的"核心秘密"即剩余价值的逻辑及其导致的各种社会问题，也必然由这个核心问题得到科学的说

1　《马克思恩格斯文集》第9卷，人民出版社2009年版，第212页。
2　《马克思恩格斯文集》第9卷，人民出版社2009年版，第214页。

明与解释。

"现代国家，不管它的形式如何，本质上都是资本主义的机器，资本家的国家，理想的总资本家。它越是把更多的生产力据为己有，就越是成为真正的总资本家，越是剥削更多的公民。工人仍然是雇佣劳动者，无产者。资本关系并没有被消灭，反而被推到了顶点。但是在顶点上是要发生变革的。"[1] 不管当代资本主义发生了多么大的变化，只要没有从根本上消灭资本生产的逻辑，没有消除剩余价值的生产，就不能彻底解决资本家对工人阶级的剥削与劳资矛盾的日益严重化和尖锐化。恩格斯在 100 多年前对资本主义的判断与说明，对于认识当代发达资本主义来说，同样具有强大的解释力，《反杜林论》中资本主义批判的方法与观点，仍然是分析当前资本主义的重要理论资源。

3. 推进当今政治经济学发展的重要资源

在批判杜林政治经济学理论的过程中，恩格斯一方面对杜林政治经济学理论进行了深入的分析与批判，一方面也对他们自己之前著作中政治经济学理论的不足进行了深刻反思，并在这种批判与反思的基础

1　《马克思恩格斯文集》第 9 卷，人民出版社 2009 年版，第 295 页。

上进一步推进了马克思主义政治经济学的深化研究。恩格斯认为《德意志意识形态》就存在某些理论不足，"已写好的部分是阐述唯物主义历史观的；这种阐述只是表明当时我们在经济史方面的知识还多么不够"[1]。

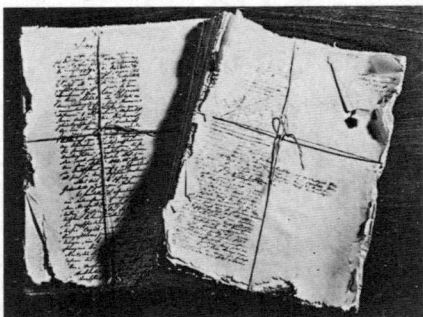

《德意志意识形态》手稿

唯物史观不是抽象的理论体系，必须有充分具体的政治经济学理论与事实，为其提供理论论证与史料支撑，而这项工作需要掌握丰富的经济学史方面的知识。因此，恩格斯认为必须运用后期的政治经济学理论成果去丰富与完善唯物史观，以便反击资产阶级学者对马克思政治经济学的曲解与污蔑。这就要求突破特殊的社会经济形态，全面把握整个经济学发展的历史，立足于广义政治经济学的视域丰富与完善唯物史观，以此拓展历史唯物主义的理论疆界。恩格斯的广义政治经济学思想深刻阐明了人类社会历史发展的科学规律，丰富和发展了马克思恩格斯关于人类社会历史发展的理论，开拓了广义政治经济学的研究领域，对马克思主义理论具有重要的补充和推动

1　《马克思恩格斯文集》第4卷，人民出版社2009年版，第266页。

作用。

杜林从生产与分配的关系方面攻击马克思的政治经济学，提出了"劳动进行生产，暴力进行分配"的观点。为了回击杜林对马克思政治经济学的污蔑和歪曲，揭示经济现象生成的内在辩证过程，恩格斯在批判杜林的过程中深入分析了生产、交换与分配之间的辩证统一关系。恩格斯认为，生产与交换发挥着不同的作用，"以致它们可以叫做经济曲线的横坐标和纵坐标"[1]。生产与交换是生产关系中最重要的构成要素，二者共同构成了经济关系的基本向度，决定着经济关系的基本性质及其发展变化。生产和交换的形式决定分配方式，而分配方式又对生产和交换产生反作用，三者共同决定着生产关系的发展。恩格斯在《反杜林论》中首次提出了广义政治经济学，并从时间与空间两个维度拓展政治经济学的研究领域，特别是在晚年他将其主要研究对象从资本主义生产关系延伸到一切人类社会形态的生产关系，无疑是对该学说作出的进一步升华。

恩格斯在《反杜林论》中明确指出，其创立广义政治经济学的目的就是要通过揭示人类社会的发展规律来揭露资本主义最终走向灭亡的必然性，并探索人类在推翻资本主义制度后走向未来新的生产方式、新

1　《马克思恩格斯文集》第9卷，人民出版社2009年版，第153页。

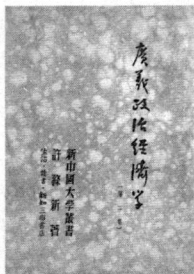

《广义政治经济学》
（1951 年版）

的社会制度的手段与途径。

　　《资本论》详细论述了资本主义生产关系产生和发展的全过程，但对资本主义之前与之后的社会形态同样需要进行科学阐释，在此基础上我们才能更科学更全面地理解资本主义，也就是说，马克思主义政治经济学需要超出《资本论》的范围，深入研究资本主义以前的社会形态和资本主义以后的可能的社会形态。此外，从时代背景来看，《资本论》出版后，马克思的政治经济学思想受到资产阶级经济学家轻视、非议甚至歪曲，尤其是杜林提出"价值就是价格""一切劳动时间都是毫无例外地和原则地完全等价"等谬论，妄图彻底否定唯物史观与唯物辩证法的科学性。为了捍卫马克思政治经济学思想，恩格斯在《反杜林论》中提出了广义政治经济学这一范畴，并在《家庭、私有制和国家的起源》《路德维希·费尔巴哈和德国古典哲学的终结》《〈法兰西内战〉导言》《社会主义从空想到科学的发展》等经典著作中进一步深化发展了马克思主义政治经济学。

　　在《反杜林论》中，恩格斯在系统总结马克思政治经济学理论的基础上提出了建构广义政治经济学的设想，并明晰了其研究对象与内容。他认为，"政治经济学，从最广的意义上说，是研究人类社会中支配物质生活资料的生产和交换的规律的科学"[1]，即从广义上来说，政治经济学是研究一切人类社会发展阶段上的经济关系发展规律的学说。恩格斯晚年时常提及这种经济关系，认为它"是指一定社会的人们生产生活资料和彼此交换产品（在有分工的条件下）的方式"[2]。生产和交换活动是这种经济关系的主要组成部分，即这里的经济关系主要是指生活资料的生产和交换关系，即生产关系。总之，在恩格斯看来，广义政治经济学的研究对象是整个人类社会发展历史上的各种生产关系的总和，这一界定对广义政治经济学的规范化、系统化和明确化有重要意义。

1867 年的马克思

马克思和恩格斯总是根据社会历史条件的变化而调整自己理论研究的重点。在《反杜林论》中恩格斯提出了构建广义政治经济学的设想，他在时间维度与空间维度辩证结合的视域下拓展了马克思主义政治经济学的研究范围，突破了狭义政治经济学的研究范式，明确了广义政治经济学要研究人类历史所有阶段上的生产关系，探索整个人类社会发展的经济规律，在更为宏大的时空范围内证明历史唯物主义的科学性与真理性，这对我们深入理

马克思与大女儿燕妮

1　《马克思恩格斯文集》第9卷，人民出版社2009年版，第153页。
2　《马克思恩格斯文集》第10卷，人民出版社2009年版，第667页。

解和发展历史唯物主义具有重大意义。

21 世纪以来，随着西方民粹主义抬头、经济金融危机频发，人们不免对资本主义社会坚持的经济理念与模式产生了动摇，更加渴求一条良性健康的社会道路来应对资本主义危机，在这种历史语境中恢复广义政治经济学批判是当今资本主义批判的题中应有之义。当代西方左派激进批判理论从文化、意识形态以及社会心理等方面对资本主义进行批判，偏离了马克思主义政治经济学批判的路线，试图在商品生产与资本逻辑之外寻求走向未来社会的途径，在理论与实践中都遭遇挫折。为了更好地批判资本主义，揭示资本主义发展的本质及其当代特征，必须回到政治经济学批判的基础之上，即"在 21 世纪，政治经济学批判依然是我们理解当代资本主义发展特质的根本方法"[1]。而要追寻资本主义社会之后的未来社会发展的图景与途径，必须立足于广义政治经济学理论。

在中国新民主主义革命与社会主义革命、建设、改革事业中，广义政治经济学的基本思想和理论观点发挥了重要作用，而当下，新时代中国特色社会主义的伟大实践更为广义政治经济学的创新和发展提供了难得的历史机遇。

1　孙乐强：《〈资本论〉如何走向当代：21 世纪政治经济学批判大纲》，载《华中科技大学学报（社会科学版）》2017 年第 3 期。

中国共产党领导中国人民"不断开拓当代中国马克思主义政治经济学新境界，为马克思主义政治经济学创新发展贡献中国智慧"[1]。中国特色社会主义的伟大实践及其经验总结为广义政治经济学的发展提供了实践依据和理论源泉，中国特色社会主义实践的时代性与创新性，为广义政治经济学的创新发展提供了重要的理论增长点与创新动力。与此同时，广义政治经济学理论的发展又为我们构建中国特色社会主义政治经济学理论体系提供了丰富的思想资源。总之，广义政治经济学突破了狭义政治经济学的限制，不再局限于特定的人类社会形态的经济规律问题，而是探索人类社会发展的普遍性规律，这种对人类社会发展的普遍规律的揭示与说明，对构建和发展中国特色社会主义政治经济学具有重要的理论启示。

《资本论》最早的中译本封面

4. 推动当代马克思主义创新发展的理论宝藏

随着科学技术的发展与资本主义生产关系的调整，资本主义世界发生了重大变化。这种变化导致了各种理论思潮，既有为资本主义现实辩护的观点，也

---

1 习近平:《不断开拓当代中国马克思主义政治经济学新境界》，载《求是》2020 年第 16 期。

有批判资本主义的理论，还有对未来社会主义的想象。面对当前资本主义的变化与各色各样的理论观点，马克思主义理论如何在坚持中创新，以便更好地批判资本主义，指导社会主义实践，正成为一个重要的理论和现实问题。

在《反杜林论》中，恩格斯不但全面阐述了哲学、政治经济学与科学社会主义的基本内容及其内在有机联系，将马克思主义进行整体化、系统化和科学化的阐述，而且在一定程度上实现了马克思主义理论的新发展。同时恩格斯也为我们推进理论创新提供了科学的方法，即立足于先进的哲学内容，借助自然科学新成就，以社会现实问题为动力，推进马克思主义理论的发展。恩格斯的《反杜林论》就是在推进马克思主义理论体系化的基础上，实现了马克思主义理论的进一步发展。

在哲学方面，恩格斯充分运用当时自然科学的重大发现和丰富资料，描绘了整个自然界发展的辩证图景，阐明了辩证法的基本规律。恩格斯指出，现代唯物主义是哲学社会科学与自然科学发展的共同产物，自然科学的新发展是新世界观的重要组成部分。哲学社会科学与历史科学的发展也为新世界观的形成提供了丰富的素材和思想资源，"现代唯物主义，否定的否定，不是单纯地恢复旧唯物主义，而是把 2000 年来哲学和自然科学发展的全部思想内容以及这 2000

年的历史本身的全部思想内容加到旧唯物主义的持久性的基础上。这已经根本不再是哲学，而只是世界观"[1]。在吸收自然科学与哲学社会科学新成果的基础上，恩格斯运用辩证唯物主义，面对资本主义社会问题，阐述了马克思主义新世界观的重要功能。"唯物主义历史观及其在现代的无产阶级和资产阶级之间的阶级斗争上的特别应用，只有借助于辩证法才有可能"[2]，这里的辩证法就是唯物主义辩证法或辩证唯物主义。恩格斯在《反杜林论》中正是将自然科学、哲学社会科学与科学社会主义的发展的最新成果融入马克思主义理论之中，实现了马克思主义的进一步发展。

"马克思的思想理论源于那个时代又超越了那个时代，既是那个时代精神的精华又是整个人类精神的精华。"[3]马克思主义具有与时俱进性，随着资本主义的新发展将会持续显示其科学本质，随着社会主义运动的发展将会持续发挥其指导功能，当今世界更需要马克思主义理论的指导，以真正促进人类的进步与发展。

但马克思主义没有穷尽一切真理，也不是故步自

1　《马克思恩格斯文集》第9卷，人民出版社2009年版，第146页。
2　《马克思恩格斯文集》第3卷，人民出版社2009年版，第495—496页。
3　习近平：《在纪念马克思诞辰200周年大会上的讲话》，载《人民日报》2018年5月5日。

封的封闭理论，随着自然科学、哲学社会科学与社会主义实践的发展，马克思主义理论处于不断地进步发展之中，"我们决不把马克思的理论看作某种一成不变的和神圣不可侵犯的东西；恰恰相反，我们深信：它只是给一种科学奠定了基础，社会党人如果不愿落后于实际生活，就应当在各方面把这门科学推向前进"[1]。资本主义的新变化需要马克思主义理论进行创新发展，而社会主义的运动成果也是促进马克思主义发展的重要力量。"现代社会主义必获胜利的信心，正是基于这个以或多或少清晰的形象和不可抗拒的必然性印入被剥削的无产者的头脑中的、可以感触到的物质事实"[2]，这个物质事实就是广大工人阶级的现实运动的实践成就，这些成就尤其是中国社会主义伟大实践。习近平总书记指出，新中国成立以来特别是改革开放以来，中国发生了深刻变革，置身这一历史巨变之中的中国人更有资格、更有能力揭示这其中所蕴含的历史经验和发展规律，为发展马克思主义作出中国的原创性贡献。[3]

　　实现马克思主义理论的创新，要求我们总结当代世界自然科学、哲学社会科学与现实社会主义运动的

1　《列宁选集》第 1 卷，人民出版社 1995 年版，第 274 页。

2　《马克思恩格斯文集》第 9 卷，人民出版社 2009 年版，第 165 页。

3　参见《习近平：深刻认识马克思主义时代意义和现实意义　继续推进马克思主义中国化时代化大众化》，载《人民日报》2017 年 9 月 30 日。

新成果，在坚持马克思主义基本立场、观点和方法的基础上，对这些新成果进行深入的分析，丰富和发展马克思主义基本原理，推进马克思主义理论的时代化。列宁非常重视《反杜林论》在马克思主义发展中的重要作用，认为"它分析了哲学、自然科学和社会科学中最重大的问题"[1]。列宁进一步以《反杜林论》的核心思想为理论主要来源，接受了恩格斯将马克思主义分为哲学、政治经济学与科学社会主义的观点，于1913年撰写了《马克思主义的三个来源和三个组成部分》，确立了马克思主义有三个组成部分的著名表述，从而进一步发展了马克思主义理论。

列宁《马克思主义的三个来源和三个组成部分》

我国党和国家领导人一直比较重视《反杜林论》的传播与研究，并根据不同的社会历史条件将《反杜林论》中阐述的马克思主义原理与实践结合起来。毛泽东在《矛盾论》中，就引用了《反杜林论》中"辩证法。量和质"的内容，这些理论内容为马克思主义中国化第一次历史性飞跃的理论成果——毛泽东思想的形成提供了宝贵的资料。在庆祝改革开放40周年大会上的讲话中，习近平同志在论述"必须坚持马克思主义指导

毛泽东《矛盾论》

1　《列宁专题文集·论马克思主义》，人民出版社2009年版，第58页。

地位，不断推进实践基础上的理论创新"这一问题时，引用了恩格斯《反杜林论》中的一段原文："一切社会变迁和政治变革的终极原因，不应当到人们的头脑中，到人们对永恒的真理和正义的日益增进的认识中去寻找，而应当到生产方式和交换方式的变更中去寻找。"[1]

历史证明，恩格斯在《反杜林论》中系统阐述的马克思主义真理在当今时代对于普及科学社会主义知识、启蒙广大劳动阶级、推动国际共产主义运动不断向前发展，发挥着至关重要的作用。恩格斯深刻地阐明了马克思主义的强大生命力及其现时代的巨大意义，在资本主义国家大谈马克思主义"过时论"、社会主义"空想论"和"失败论"，以及资本主义和社会主义"趋同论"理论甚嚣尘上的当下，对于增强社会主义信念具有极为重要的理论意义和现实意义。尽管马克思恩格斯已经逝世 100 多年，但我们仍然处于他们所指明的历史时代，即社会主义在与资本主义斗争的过程中逐渐成长并逐步战胜资本主义、最终走向共产主义的时代，共产主义尚未在全球实现，马克思主义的使命尚未完成，马克思主义基本原理及贯穿其中的立场、

恩格斯故居纪念碑

---

1 习近平：《在庆祝改革开放 40 周年大会上的讲话》，载《人民日报》2018 年 12 月 19 日。

观点、方法正在发出耀眼的真理光芒。这一理论也是建设中国特色社会主义的重要思想指引，在当今世界面临百年未有之大变局、中国特色社会主义进入新时代的历史背景下，要发展 21 世纪马克思主义、当代中国马克思主义，就必须坚决捍卫和发展马克思主义，在实践中推进马克思主义理论创新。

今天我们深入研读恩格斯的《反杜林论》，深入这一马克思主义的理论宝库，挖掘其中所蕴含的科学的理论观点与思维方式，对于在新时代发展马克思主义理论具有重要的理论意义与实践价值。

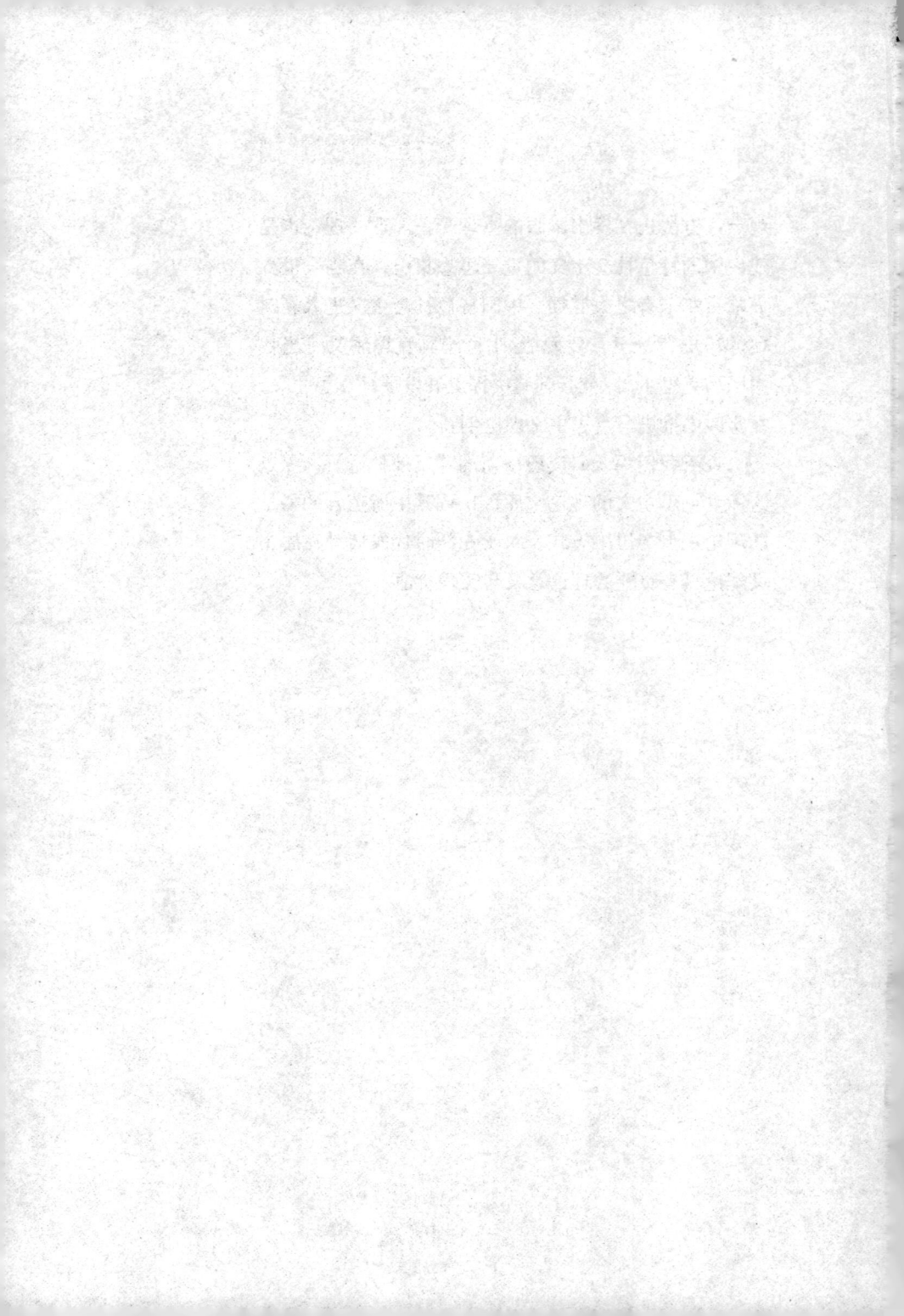